职业教育与产业结构协同创新发展研究

章婷婷 著

中国纺织出版社有限公司

图书在版编目（CIP）数据

职业教育与产业结构协同创新发展研究 / 章婷婷著. -- 北京：中国纺织出版社有限公司，2024.4
ISBN 978-7-5229-1744-3

Ⅰ. ①职… Ⅱ. ①章… Ⅲ. ①职业教育—发展—研究—中国 Ⅳ. ①G719.2

中国国家版本馆CIP数据核字（2024）第085077号

责任编辑：张 宏　　责任校对：王蕙莹　　责任印制：储志伟

中国纺织出版社有限公司出版发行
地址：北京市朝阳区百子湾东里A407号楼　邮政编码：100124
销售电话：010-67004422　传真：010-87155801
http://www.c-textilep.com
中国纺织出版社天猫旗舰店
官方微博 http://weibo.com/2119887771
北京虎彩文化传播有限公司印刷　各地新华书店经销
2024年4月第1版第1次印刷
开本：787×1092　1/16　印张：10
字数：198千字　定价：98.00元

凡购本书，如有缺页、倒页、脱页，由本社图书营销中心调换

前 言

职业技术教育是为生产、服务、管理等一线工作岗位培养技术型人才的教育，是以把成熟的科学技术、技艺技能和管理经验转化为现实生产力的教育，也是把从事某一职业或劳动岗位所需知识、技术、技能传授给受教育者并培养其综合职业素质的教育，是以就业、转换职业或提高劳动者职业技术水平为目的的教育。因此，职业技术教育与社会产业结构的变化、发展、调整有着极为密切的关系。

职业技术教育直接为经济、社会发展提供应用性、实用性技术人才的这一根本属性，要求职业教育必须尽快建立起与经济、社会发展相适应的学科专业体系，建立起与经济、社会发展相适应的教育教学目标和课程体系，建立起与经济、社会发展相适应的教学模式和教学运行机制。因而，如何适应经济和社会发展的需要，是职业技术教育需要解决的核心问题之一。

近年来，我国的职业技术教育，特别是高等职业教育有了长足的发展，职业教育研究也随之更加深入地开展起来，并取得了丰硕的成果。但是到目前为止，以往的职业技术教育研究，包括高等职业技术教育研究，还存在着很大的欠缺，即对产业结构与职业教育之间的紧密关系缺乏理论上的深入研究；对产业结构调整变化与职业教育改革发展的内在联系，缺乏深入而系统的研究。因此，许多职业技术教育的研究，还停留在就教育而研究教育，或就劳动就业与人才市场需求的研究层面上，未能站在更高层次上，从产业结构调整这一社会动因的角度研究职业教育，用以指导职业教育的改革和发展，以促进职业教育和社会、经济发展的协调发展。如何从理论和实践上解决职业技术教育的改革和发展，与产业结构调整协调一致并相互促进的问题，已成为当前一个十分迫切的研究课题。

在撰写本书的过程中，作者参考、引用了一些专家和学者的研究成果，在此一并感谢。由于作者的水平有限，再加之时间仓促，难免存在疏漏和不足之处，恳请读者批评指正。

章婷婷

2023 年 12 月

课题：杭州市哲学社会科学规划课题基地项目

课题名称：杭州职业技术学院杭州职业教育专业布局与产业结构匹配度研究——以H高职院校为例

目 录

第一章 产业结构与高等职业教育 ·· 1
第一节 产业及产业结构 ·· 1
第二节 职业技术教育 ·· 7
第三节 产业结构与高等职业教育的关系 ······························· 13

第二章 产业结构与职业教育发展的关系 ······································ 19
第一节 产业结构发展与相关经济理论 ································· 19
第二节 回顾经济史中的产业结构调整 ································· 22
第三节 职业教育发展的特点 ·· 29
第四节 产业结构调整与职业教育关系的历史结论 ················· 31

第三章 职业教育与产业供给侧协同发展体制机制的创新 ················ 37
第一节 职业教育供给侧改革对产业发展的驱动机制的创新 ······ 37
第二节 产业供给侧改革对职业教育发展的驱动机制的创新 ······ 48
第三节 职业教育与产业供需双向驱动的体制机制 ················· 63

第四章 职业教育与产业协同创新发展的启示 ······························· 79
第一节 发达国家职业教育管理体系 ··································· 79
第二节 职业教育校企合作对接机制的启示 ·························· 94
第三节 新型职业教育机构运行机制的启示 ·························· 97
第四节 健全的职教与产业协同发展案例启示 ······················ 103

第五章 职业教育与产业协同创新发展的路径 ······························ 109
第一节 职业教育与产业协同发展路径探讨 ························ 109
第二节 产教融合校企合作是职业教育机制体制改革的主线 ···· 120
第三节 制定职业教育与产业协同发展的单行法律法规 ·········· 123

第六章　职业教育与产业协同创新发展的意义与前景 ······ 129
第一节　职业教育与产业协同创新发展的意义 ······ 129
第二节　职业教育与产业协同创新发展的前景 ······ 141

参考文献 ······ 151

第一章 产业结构与高等职业教育

第一节 产业及产业结构

一、产业的界定

产业是一种社会分工的产物，它随着社会分工的产生而产生，并随着社会分工的发展，其内涵不断充实，外延不断扩大。在15、16世纪的重农学派流行时期，产业主要指农业，认为农业是社会财富的唯一源泉，农业是唯一生产部门，农业劳动是唯一的生产劳动，只有农业生产纯产品。在17、18世纪，随着资本主义工业的迅速发展以及工业在国民经济中的重要作用，产业在经济理论研究中主要指工业。现在的产业一词英文industry，也指工业。实际上，18世纪，在斯密时代，英国已经成为最先进的工业国，英国的毛纺织业、棉纺织业、冶金工业以及造船业都迅速地发展起来。到了近现代，随着社会经济的发展以及经济服务化趋势的增强，产业的内涵与外延都进一步拓展，一般将产业定义为一些具有相同生产技术或产品特征的经济活动集合或系统。现代意义上的产业不仅包括生产领域的活动，也包括流通领域和生活服务领域的活动，产业部门不仅包括物质生产部门的生产、流通和服务活动，还包括非物质生产部门如文化教育、科学文化及公共行政服务等部门。

作为具有相同生产技术或产品特征的经济活动系统，产业由微观企业（个体）的集合而构成，同时又是国民经济的组成部分，因此，在国民经济结构中，产业属于中观层次。

二、产业的分类

产业的状况和发展直接影响着国民经济的发展，为了对产业进行合理有效地管理，首

先应该对产业进行分类。由于产业研究和分析目的的不同,产业的分类方法也有所不同。根据不同的标准,产业大体分为以下几类:

(一)马克思两大部类分类法

马克思两大部类分类法是根据生产资料和生活资料的区别,将产业分为两大部类,即第一部类和第二部类。第一部类是指生产资料的产业,如农业、采矿业、制造业等;第二部类是指消费资料的产业,如建筑业、交通运输业、服务业等。马克思认为,第一部类是社会生产的基础,第二部类是社会生产的结果,两者相互依存,相互影响。马克思两大部类分类法的优点是反映了生产资料和生活资料的本质区别,揭示了社会生产的内在规律;缺点是忽略了产业之间的差异和联系,不能适应多样化和复杂化的经济现实。

(二)农、轻、重产业分类法

农、轻、重产业分类法是根据产业的技术性质和产品的重量,将产业分为三类,即农业、轻工业和重工业。农业是指利用自然资源进行生产的产业,如农业、林业、牧业、渔业等;轻工业是指以农业原料为主要原料,生产轻质、轻量的产品的产业,如纺织业、食品业、皮革业等;重工业是指以矿产、能源等为主要原料,生产重质、重量的产品的产业,如钢铁业、机械业、化工业等。农、轻、重产业分类法的优点是反映了产业的技术水平和产品的特征,体现了产业的结构和发展的阶段;缺点是忽略了产业之间的联系和互动,不能适应高度融合和创新的经济形态。

(三)三次产业分类法

三次产业分类法是根据产业的功能和作用,将产业分为三类,即第一产业、第二产业和第三产业。第一产业是指直接从自然界获取资源的产业,如农业、林业、牧业、渔业、采矿业等;第二产业是指以第一产业的产品为原料,进行加工、制造的产业,如制造业、建筑业、电力业、水利业等;第三产业是指除第一产业和第二产业之外,为社会提供各种服务的产业,如交通运输业、信息通信业、金融业、教育业、卫生业、文化娱乐业等。三次产业分类法的优点是反映了产业的功能和作用,体现了产业的多样化和综合化,适应了现代经济的特征和趋势;缺点是忽略了产业之间的相互渗透和转化,不能完全反映产业的内涵和价值。

(四)霍夫曼的产业分类法

霍夫曼分类法是德国经济学家 W.C. 霍夫曼在对工业化进程进行分析时运用的一种分类法。他依据工业化进程中产业结构之间的比例关系和变动趋势,把产业分成消费资料工业、资本资料工业和其他工业三类。消费资料工业主要包括食品工业、纺织工业、家具业等,划分的原则是工业产品 75% 以上属于消费资料;资本资料工业主要包括化学工业、一般机械工业、冶金及金属制品业、运输机械业等，划分的原则是该类工业产品75%以上属于资本资料；其他工业主要包括木材加工业、造纸工业、橡胶工业、印刷工业等。

这种以75%的原则划分的产业界限在现实工作中有时难以划分和度量，因而在具体运用中受到一定的限制，但霍夫曼分类法是研究工业化进程中工业结构演变规律及工业化阶段理论的基础。

（五）生产要素集约分类法

企业在产品生产过程中需要劳动、土地、资本、技术等生产要素，依据不同产业在生产过程中对要素资源的需求种类和依赖程度的不同，即生产要素集约程度的不同，可将产业划分为劳动密集型产业、资本密集型产业和技术（知识）密集型产业。

劳动密集型产业指进行生产主要依靠大量使用劳动力，对技术和设备依赖程度较低的产业，主要包括农业、纺织、食品、餐饮、玩具、皮革等产业，该种产业的特点是劳动集约度（工资总额／产品成本）较高，生产成本中工资与设备折旧和研究开发支出相比所占比例较大。

资本密集型产业指在单位产品成本中，资本成本与劳动成本相比所占比例较大的产业，主要包括钢铁、化学、机械等产业，这种产业的特点是资本集约度（固定资产净值＋流动资金／员工数）较高，即每个劳动者所占用的固定资本和流动资本金额较高。

技术（知识）密集型产业指在生产过程中对技术和智力的依赖程度较高的产业，主要包括微电子和信息产品制造业、生物医药工业、航空航天工业、原子能工业、新材料工业等，这种产业的特点是知识集约度（R&D费用／销售额）较高，研究开发投入较大。

（六）标准产业分类法

标准产业分类法又称国际标准产业分类法，是指联合国颁布的《全部经济活动的国际标准产业分类》（ISIC）。其目的是为使不同国家的统计数据具有可比性。标准产业分类的优点在于对全部经济活动进行分类，并且使其规范化，具有很强的可比性，有利于分析各国各地的产业结构，而且与三次产业分类法联系密切。

联合国为了统一各国国民经济统计口径，颁布了《全部经济活动的国际标准产业分类》，将全部经济活动分为十大类，在大类之下又分若干中类和小类。这十大类是：①农业、狩猎业、林业和渔业；②矿业和采石业；③制造业；④电力、煤气、供水业；⑤建筑业；⑥批发与零售业、餐馆与旅店业；⑦运输业、仓储业和邮电业；⑧金融业、不动产业、保险业及商业性服务业；⑨社会团体、社会及个人的服务；⑩不能分类的其他活动。

我国发布的《国民经济行业分类与代码》就是参照联合国的《全部经济活动的国际标准产业分类》而制定的。

三、产业结构

(一)产业结构的概念

产业结构是指一个国家或地区在一定时期内,各个产业部门在国民经济中所占的比重和地位,以及各个产业部门之间的相互关系和协调程度。产业结构通常按照产业的发展阶段和技术水平,分为第一产业、第二产业和第三产业。第一产业是指以农业、林业、牧业、渔业等为主的自然资源开发和利用部门;第二产业是指以工业、建筑业等为主的物质产品加工和制造部门;第三产业是指以交通运输、信息通信、金融保险、商贸服务、教育科技、文化娱乐等为主的非物质产品提供和消费部门。产业结构反映了一个国家或地区的经济发展水平、竞争力和社会福利水平,也影响了一个国家或地区的经济增长、就业、收入分配、资源利用和环境保护等方面。

(二)产业结构的影响因素

一国产业结构的形成与变动受到诸多因素的影响,概括起来,影响产业结构的因素包括以下三类:

1. 需求因素对产业结构的影响

需求因素包括消费需求和投资需求。消费的需求决定着生产。因为消费创造出新的生产需要,因而创造出生产的观念上的内在动机,消费是生产的前提。消费需求通过需求总量的增长和需求结构的变化作用于产业结构。需求总量与人口数量、人均收入水平、经济发展水平等密切相关。需求结构则与消费欲望、消费层次和消费理念相互关联。

投资需求也对产业结构有很大的影响,投资是企业扩大再生产和产业扩张的重要条件之一。资金向不同产业方向投入所形成投资配置量的比例就是投资结构。投资需求对产业结构的影响主要表现在总量和结构两方面:首先,投资总量的增加可以创造新的投资需求,将形成新的产业而改变原有的产业结构;其次,投资结构的变化对产业结构产生很大的影响:一方面,对部分产业投资,将推动这些产业比未投资的那部分产业以更快的速度扩大,从而影响原有产业结构;另一方面,对全部产业投资,但投资比例不同,则会引起各产业发展程度的差异,导致产业结构的相应变化。

2. 供给因素对产业结构的影响

供给因素包括自然资源禀赋、人力资源供给状况、资金供给状况以及技术供给状况。自然资源禀赋在很大程度上制约着一个国家或地区的产业结构。那些自然资源丰富的国家,往往比较容易形成资源开发型的产业结构,而资源稀缺的国家往往通过对外贸易形成资源加工型的产业结构。人力资源包括劳动者的数量、质量和价格等内容,那些人力资源充裕的国家和地区,劳动力价格低廉,更适合发展劳动密集型产业,而人力资源短缺但资本丰裕的国家和地区，则会用资金代替劳动力，发展以资本密集型产业为主的产业。资金供给主要指可供投资的资金的丰缺程度、价格水平以及增长速度，这些因素主要通过两种途径影响产业的形成和发展。一是通过资金总量的变化影响产业的发展规模；二是通过资金结构的变化影响产业之间的数量比例关系。技术进步是推动产业结构转换的原动力。技术进步通过改变产业的技术基础和生产的技术结构引起产业结构从低级向高级不断演进。

3. 环境因素对产业结构的影响

（1）自然环境对产业结构的影响

自然环境是指自然界的各种物质和能量，包括大气、水、土壤、矿产、生物等，它是人类生存和发展的基础。自然环境对产业结构的影响主要表现在以下几个方面：

①气候条件。气候条件是指一个地区的平均气温、降水量、风向、风力、湿度、日照等气象要素，它影响着农业、旅游、能源等产业的发展。例如，温带地区适合种植小麦、玉米等农作物，热带地区适合种植水稻、甘蔗等农作物，寒带地区适合发展畜牧业和渔业；温暖湿润的地区适合发展旅游业，寒冷干燥的地区适合发展太阳能、风能等新能源产业。因此，不同的气候条件决定了不同地区的产业结构的特点和优势。

②地理位置。地理位置是指一个地区在地球上的位置，它影响着交通、贸易、安全等产业的发展。例如，沿海地区适合发展港口、航运、造船、渔业等产业，内陆地区适合发展铁路、公路、航空等产业；靠近国际市场的地区适合发展出口导向型的产业，远离国际市场的地区适合发展自给自足型的产业；处于战略要地的地区适合发展军工、航天、核能等产业，处于边远地区适合发展生态旅游、民族文化等产业。因此，不同的地理位置决定了不同地区的产业结构的方向和选择。

③资源禀赋。资源禀赋是指一个地区拥有的自然资源的数量和质量，它影响着能源、矿业、制造业等产业的发展。例如，富含石油、天然气、煤炭等化石能源的地区适合发展石油、化工、电力等产业，富含水力、风力、太阳能等可再生能源的地区适合发展水电、风电、太阳能等产业；富含铁、铜、金、银等金属矿产的地区适合发展冶金、机械、电子等产业，富含磷、钾、硫等非金属矿产的地区适合发展化肥、农药、塑料等产业。因此，不同的资源禀赋决定了不同地区的产业结构的基础和优势。

④生态系统。生态系统是指一个地区的自然界和人类社会相互作用的复杂系统，它影响着农业、林业、渔业、旅游等产业的发展。例如，拥有丰富的植物和动物资源的地区适合发展农业、林业、渔业等产业，拥有优美的风景和文化遗产的地区适合发展旅游业、文化产业等产业；拥有稳定的生态平衡的地区适合发展可持续发展的产业，拥有脆弱的生态环境的地区适合发展低碳环保的产业。因此，不同的生态系统决定了不同地区的产业结构的特色和潜力。

(2)社会环境对产业结构的影响

社会环境是指一个国家或地区的政治、经济、文化、法律、科技等社会因素,它是人类活动的背景和制约。社会环境对产业结构的影响主要表现在以下几个方面:

①国际关系。国际关系是指一个国家或地区与其他国家或地区的相互关系,它影响着贸易、投资、合作等产业的发展。例如,和平稳定的国际关系有利于促进国际贸易、投资、合作等产业的发展,战争动荡的国际关系不利于促进国际贸易、投资、合作等产业的发展;友好互利的国际关系有利于促进互补性的产业的发展,敌对对抗的国际关系有利于促进自主性的产业的发展。因此,不同的国际关系决定了不同国家或地区的产业结构的开放度和依赖度。

②社会风尚。社会风尚是指一个国家或地区的社会价值观、生活方式、消费习惯等社会因素,它影响着服务、消费、娱乐等产业的发展。例如,不同程度的科技水平。科技水平是指一个国家或地区的科学研究、技术创新、信息化程度等社会因素,它影响着制造业、服务业、高新技术产业等产业的发展。例如,高度发达的科技水平有利于促进制造业的升级、服务业的智能化、高新技术产业的创新,低度发展的科技水平不利于促进制造业的升级、服务业的智能化、高新技术产业的创新;先进的科技水平有利于促进知识密集型的产业的发展,落后的科技水平有利于促进劳动密集型的产业的发展。因此,不同的科技水平决定了不同国家或地区的产业结构的质量和效率。

③政策法规。政策法规是指一个国家或地区的政府制定的各种规章制度、法律法规、行政措施等社会因素,它影响着税收、财政、金融、贸易等产业的发展。例如,鼓励发展的政策法规有利于促进某些产业的发展,限制发展的政策法规不利于促进某些产业的发展;灵活的政策法规有利于促进市场竞争和创新,僵化的政策法规不利于促进市场竞争和创新。因此,不同的政策法规决定了不同国家或地区的产业结构的空间和动力。

四、产业结构的内在规律

产业结构的内在规律是指产业结构的变化遵循的一般性的规律,它反映了产业结构的发展趋势和目标。产业结构的内在规律主要表现在以下几个方面:

(一)产业结构的演进规律

产业结构的演进规律是指随着经济发展的不同阶段,产业结构的变化呈现出一定的规律性,一般可以分为三个阶段:第一阶段是以农业为主导的产业结构,第二阶段是以工业为主导的产业结构,第三阶段是以服务业为主导的产业结构。这一规律反映了经济发展的历史进程和社会需求的变化,也是产业结构的优化方向。

(二)产业结构的优化规律

产业结构的优化规律是指在产业结构的变化中,应该追求产业结构的合理性、协调性、高效性和可持续性,以提高产业结构的质量和水平。这一规律反映了产业结构的发展目标和评价标准,也是产业结构的调整原则。

(三)产业结构的创新规律

产业结构的创新规律是指在产业结构的变化中,应该不断推动产业的创新和升级,以适应市场的变化和竞争的压力。这一规律反映了产业结构的发展动力和核心竞争力,也是产业结构的变革动力。

第二节 职业技术教育

一、职业技术教育的定义

职业和技术是两个不同的概念,所谓职业,从分工角度讲,是指在业人口从事工作的种类;所谓技术,是指一种专门的手段和方法体系,为达一定目的而采取符合该目的要求的行动、方式、方法和手段都可称之为技术。职业教育是使受教育者达到职业资格的获得、保持或转变及职业生涯质量的获得与改进的教育。职业教育的职能在于认识世界,技术的职能在于改造世界,在培养应用型人才的职业教育中,技术教育占有重要的地位。职业教育与技术教育虽然密不可分,但有区别。职业源于社会分工,技术源于人对自然的改造;职业的载体是人,技术的载体包括人与物。所以二者有着极为密切的关系。但是,严格来说,二者内涵不同。技术教育根据其所达目的的不同,可分为两类,即职业技术教育和劳动技能教育。为取得某种职业资格或为从事某种职业而进行的技术教育叫职业技术教育;不针对某种职业需要而进行的技术教育叫劳动技术教育。

关于职业技术教育的定义,目前有多种,这是多年来不少专家学者探讨的结果。如我国20世纪初期职业教育得到发展,许多教育家对职业教育做过探讨。黄炎培先生曾提出:"职业教育的定义,是用教育方法,使人人依其个性,获得生活的供给和乐趣,同时尽其对群众之义务。而其目的:一为谋个性之发展;二为个人谋生之准备;三为个人服务社会之准备;四为国家及世界增进生产力之准备。"

中华人民共和国成立后,不少学者对职业技术教育进行研究,加强了对职业技术教育有关理论的探讨，在职业教育的内涵方面，不少人提出了很有见地的见解。有学者认为，职业教育是国家智力开发的一个重要组成部分，通过职业教育使各级人才保持一个合理的比例，使我国的劳动人口形成一个知识结构合理的高效率的智力群体；职业教育有助于形成社会开放型分层体系，减少社会不平等冲突和摩擦，对社会起到整合的作用；职业教育也是国家宏观调控的手段，实现劳动力资源平衡的一个杠杆。有的学者认为职业技术教育泛指一切有助于培养、提高人们的就业能力和从事现有工作（劳动）的技能的活动。它是技术教育、职业教育和职业培训的总称。有学者认为，职业技术教育是传授和训练某种职业所需要的知识和技能的教育，也包括进行某类专业技术的短期培训。我国职业技术教育分为初、中、高三个层次，以发展中等职业技术教育为主。有学者提出，职业技术教育泛指一切有助于培养、提高人们就业能力和从事现有工作（劳动）的技能的活动。它是技术教育、职业教育和职业培训的总称。有的学者认为，职业教育是给予学生从事某种职业或劳动岗位所需要的知识和技能，以就业、转换职业或提高劳动者职业技术水平为目的的教育。

联合国教科文组织认为，技术和职业教育是保持现代文明的复杂结构及经济和社会发展的先决条件，建议把职业和技术教育当作一个综合性的名词使用。对职业和技术教育进一步理解：①是普通教育的组成部分；②是在某一职业领域就业作准备的手段；③是继续教育的一个方面。

二、职业技术教育的特征

职业技术教育的特征可以归纳为五个方面，一是培养目标的职业性，职业技术教育直接为社会的各种行业培养直接从事经营管理或生产操作的专门人才；二是培养手段的多样性，包括职前的准备教育、职后的进修培养和转业教育等形式；三是教育活动的实践性，重视生产实践、实验、实习操作环节，注重培养学生较强的动手能力和操作技能；四是服务经济的直接性，与产业结构的调整、生产力和经济的发展有着直接的、密切的联系；五是社会联系的广泛性，与社会各行各业和各具体的工作岗位联系极为密切。

三、影响职业技术教育发展的因素

影响职业技术教育发展的因素是多方面的，主要包括：经济、教育、科技、人力资源等方面。

经济发展战略和产业结构调整的规律对职业技术教育的影响主要表现在，经济的发展和产业结构的调整对职业技术教育不断提出新的要求。产业结构的调整使劳动者的职业结构日趋复杂，它必然要求职业技术教育在学校的布局、学科专业的设置和层次结构上做新的调整，职业技术教育必须与这种变化相适应。

教育的改革与发展对职业技术教育的影响，主要是指教育的改革与发展使职业技术教育面临着难得的机遇和挑战，国家大力发展职业教育，人民群众需要职业技术教育，使得职业技术教育面临着良好的发展机遇。而职业技术教育的基础薄弱，在某种程度上还未得到群众的认可，又成为其面临的挑战。职业技术教育要主动适应教育的发展与改革，要与基础教育、普通高等教育、成人教育相沟通，尽快建立起教育发展的"立交桥"，在较短的时间内谋求更快的发展。

科学技术的进步对职业技术教育的影响至少表现在以下四个方面：一是科技的发展与进步使生产劳动中的科技含量增加，刺激了人们接受职业技术教育的积极性；二是科技的发展使劳动者的知识结构发生了变化，这对职业技术教育提出了向高层次发展的要求，整个职业技术教育将因此出现高移化的趋势；三是科技的发展、产业结构和劳动就业结构发生相应的变革，新的产业和职业不断出现，促使职业教育不断改进教育的内容和方法，并向终身教育发展；四是科技的进步对职业技术教育教学手段的改善有促进作用，先进的教学手段有利于了解先进的科技动态和先进的生产工艺。

人力资源状况对职业技术教育也有影响。人才结构是建立职业技术教育体系的根本依据。人口的年龄结构制约着职业技术教育的发展规模和速度；人口的地域分布影响职业技术教育的布局；人口的就业结构影响职业技术教育的专业设置和层次。

四、职业技术教育的历史发展

(一)学徒制形式的职业技术教育

通过学徒制形式，学徒在实践中接受指导与训练。由于这种形式非常有助于学徒职业能力的提升，一段时间以来，西方国家借鉴学徒制的优势和特点，在职业技术教育中不断地提倡与推行现代新型学徒制。近年来，我国也开始在职业院校中积极试点并推广现代新型学徒制。

1. 学徒制的内涵及历史发展

(1)学徒制的内涵

学徒制是职业技术教育的早期形式，也称艺徒制、师徒制。学徒制是一种在实际生产过程中师傅以口传心授为主要形式的技能传授方式。学徒制是古代小生产者和手工业劳动者的技艺技能得以延续的重要教育手段。它是国内外古代职业技术教育的基本途径。它是在小生产基础上产生的，最初形式是家庭手工业中长辈把技艺传授给子女。

《教育大辞典》对于学徒制的界定有两种含义。第一种是针对我国历史上的学徒制度来说的，主要是指我国古代官府手工业作坊培养工匠的制度。第二种是针对西方各国的职业训练制度，在古希腊和罗马时期已广泛使用，不仅手工工人，甚至雄辩家与法律家也通过此形式进行培养。

(2)学徒制的特点

学徒亦称"学徒工""艺徒"或"徒弟",是指企业中在师傅指导下学习技术或手艺的青少年。在古代,有"视师如父,视徒如子""一日为师,终身为父""师傅是徒弟的衣食父母"等说法。

学徒制教育是在一种自由松散的、缺乏明确目标与内容规划的形式下进行的。学徒期限依行业的不同而有所差异,但在学徒期限内能否学到入行的技艺,往往取决于师傅个人的喜好和意愿。

学徒制通常具有以下几个方面的特点:师傅与学徒之间是师徒关系或父子关系;通常要经历拜师学艺的仪式,在时间、任务、权利、义务、形式等方面进行约定,学徒期满就可出师而独立从业;学习形式为口手相传、言传身教,体现为随意灵活、做学结合。

(3)学徒制的历史发展

①我国的学徒制发展。学徒制在春秋时期已具雏形,主要形式是父子相传,工种有木工、金工、皮工等,统称"百工"。战国时期,师傅可在作坊中择徒授艺。汉唐时期,逐步设立由各种手工作坊组成的生产性官署,生产皇室与政府所需的各种器物。唐代已形成较完备的制度,分别规定各种工种的学徒期限。季度末和年终分别由长官主持考试,学徒则须在自己制作的器物上刻上姓名,以便考核。宋代至清代,基本沿袭唐代教授和考核学徒的制度。此外,民间戏曲、中医、手工业等从业人员,也主要通过师傅带徒弟方式进行培养和训练。至今,某些特殊技艺,如雕塑、戏曲、武术等人才的培养,仍然沿用此制。但师徒关系已发生了本质上的变化。

②欧洲的学徒制发展。在欧洲,学徒制源于古代行会,这些行会对本行业学徒培训要求严格,有相应的管理和考核规定。在大工业出现以前的手工业生产时期,一般是由雇主与学徒订立契约,按协议进行职业训练。在规定期限内,雇主以师傅身份向学徒传授技艺,学徒须尽力为雇主提供劳动服务,报酬微薄。文艺复兴时期,艺术家和工匠便开始用心制定用于训练未来工作者的指导纲要。13~14世纪的德国,出现了一种类似于行会的由技艺精湛的建筑师和石匠组成的协会,并且完全独立于行会系统。大工业生产出现后,要求现代技术工人必须掌握一定的文化科学知识,从而出现了学徒制与学校教育融合的训练形式,技艺传授采取学徒制,文化科学知识传授则在学校内进行。学徒制日渐被学校教育所替代,有的则演变成了"双元制"职业教育模式。

2. 学徒制的优势和挑战

学徒制作为一种职业技术教育的形式,有以下几个优势:

对学徒而言,学徒制可以提供一种融合理论和实践的学习方式,使学徒能够在实际的工作环境中获取知识和技能,提高其职业适应性和竞争力。同时,学徒制也可以为学徒提供一定的收入和福利，减轻其经济负担，增加其学习的动力和满意度。

对企业而言，学徒制可以帮助企业培养和储备符合其需求的人才，降低其招聘和培训的成本，提高其生产效率和质量。同时，学徒制也可以增强企业的社会责任感和声誉，促进其与学校和政府的合作，拓展其业务和市场。

对社会而言，学徒制可以缓解职业教育和就业的供需矛盾，减少失业和劳动力浪费，提高社会的经济和社会效益。同时，学徒制也可以促进社会的公平和包容，为不同的群体提供更多的学习和发展的机会，增强社会的凝聚力和稳定性。

然而，学徒制也面临着一些挑战，如：

对学徒而言，学徒制可能会限制其学习的广度和深度，使其难以获得更多的知识和技能，影响其职业发展的灵活性和多样性。同时，学徒制也可能会使其遭受一些不公平和不合理的待遇，如低薪、长工时、恶劣的工作条件等，损害其身心健康和权益。

对企业而言，学徒制可能会增加其管理和监督的难度和风险，使其难以保证学徒的质量和效果，影响其生产的安全和稳定。同时，学徒制也可能会使其面临一些法律和道德的问题，如学徒的合同、保险、责任等，增加其经营的成本和压力。

对社会而言，学徒制可能会造成一些制度和政策的不协调和不完善，使其难以有效地规范和支持学徒制的实施，影响其发展的质量和效率。同时，学徒制也可能会引发一些社会和文化的冲突和抵制，如学徒制的认可度、地位、价值等，影响其推广的范围和速度。

（二）学校形式的职业技术教育

1. 职业技术学校教育的开端

18世纪以前，除了专业性训练外，职业技术教育的早期雏形主要是学徒制。18世纪60年代，英国爆发了工业革命。19世纪初，这场工业革命波及整个欧洲和美洲。以工业革命为契机，随着机械化生产的出现，产业生产的载体从手工作坊式的家庭转向生产工具以机器为代表的工厂。

一方面，随着生产方式的不断进化，生产机械日益得到改进与推广，使工人不再需要掌握更多的劳动工序，只有极少数人才需要掌握学徒制时期学徒掌握的多方面技能。而且，由于新的生产工艺只要几个月即可完全掌握，长达数年的学徒期限已经变得没有必要。在此大背景之下，原来所盛行的学徒制面临着被替代与瓦解的危机。

另一方面，从19世纪后半叶起，欧美的先进国家开始了"钢铁与电的新技术时期"，技术发明迅速应用于各种产业，产业技术化程度日益得到提高。工业技术的变革和推广应用迫切要求各生产环节的劳动者进一步掌握相应的科学技术知识和岗位技能，产业领域需要大批具备一定文化基础和专业知识的一线操作人员。而原有的学校教育已不能满足当时资本主义发展和企业岗位对劳动者的需要。基于现实的客观需要，学校形态的职业技术教育得以出现与发展，并逐渐被纳入学校教育体系之中。

伴随产业技术和工厂企业的进一步发展，一些欧洲国家开始在小学阶段和中学阶段兴办职业技术教育，并出现了专门的职业技术学校和专门从事职业技术教育的教师，同时也要求职业技术教育需具有明确的目的性、严密的计划性和规范的组织性，并要求职业技术学校选择适当的教育内容，采取行之有效的教育教学方法。

从教育史上看，法国是最早建立职业技术学校的国家。早在18世纪末，法国的学徒制渐趋崩溃。在此情形下，法国政府决定以学校形式的职业技术教育代替学徒制。在德国，最早的近代化工业学校于19世纪初开设。

虽然工业革命发端于英国，但是英国职业技术学校的设立要晚于法国与德国。伴随洋务运动的开展，我国于1866年设立了第一所实业学堂——福州船政学堂，标志着我国近代职业技术学校教育的开始。

2. 职业技术学校教育的代表人物及主要观点

(1) 比彻和莱布尼茨

17世纪末，德国兴起了一种职业技术教育理论，其代表人物是比彻 (J. J. Becher, 1635—1682)、莱布尼茨 (G. Leibniz, 1646—1716) 等。他们严厉抨击从前的古典主义教育，极力提倡对青少年进行职业技术教育，以达到振兴产业、富国强民的目的。他们主张建立以传授手工业技艺为目的的中等学校，以此作为实现自己论点的方案。

比彻在他所著的《教学法论》(1674)一书中，主张以拉丁语学校取代文法学校，并在此基础上建立"机械技术学校"。其教学内容包括制图、浮雕工艺、手工业入门、圆规的用法、刀刻、测绘、建筑等科目。莱布尼茨主张建立手工业学校，其对象是12～18岁的青少年，旨在教授他们有关材料、机械、操作规程、商品价格等方面的知识，并传授手工业技能。

(2) 凯兴斯泰纳

凯兴斯泰纳 (G. Kerschensteiner, 1854—1932) 是德国著名教育家。他是劳动教育理论的代表人物。1905年，他在题为《小学的改造》的演讲中，使用了"劳动学校 (arbeitsschule)"一词，与"书本学校"相对立。1908年，在瑞士苏黎世举行的裴斯泰洛齐诞辰160周年纪念大会上，他又在演讲中指出："将来的学校应该是劳动学校。"人们一般认为，这是"劳动学校运动"开始的标志。

1912年，凯兴斯泰纳又撰写了《劳动学校的概念》一书，比较系统地阐述了他的劳动教育理论。他认为，公立学校有两个主要任务，一是性格训练，二是职业训练。因此，他主张必须把公立学校办成"劳动学校"。他认为劳动学校的主要任务是：第一，进行职业技术教育；第二，从道德教育角度进行职业教育；第三，使职业社会道德化。实现这些任务的具体方法就是让学生进行共同的劳动作业，通过劳动作业提升学生的职业技能，培养学生为国家服务的精神，使其成为具有独立精神、和谐发展和行动自由的人。

(3)杜威

杜威(John Dewey,1859—1952)是美国著名哲学家、教育家。1916年,杜威在其代表作《民主主义与教育》一书中,专列"教育的职业方面"一章,系统地阐述了他的职业技术教育观点。

杜威认为,职业技术教育运动的重要意义在于改革传统的读书学校,利用工业的各种因素使学校生活更有生气,更富有现实意义,与校外经验有更密切的联系。当代生活中的经济因素日益重要,更有必要使教育揭示职业的科学内容和社会价值。也就是说,由于经济和科学技术的发展,职业技术教育引入学校乃是大势所趋。他反对职业技术教育过早的专业化,反对纯粹出于"经济目的"和"实用利益"而进行的职业技术教育。杜威反对"设置特别的学校"来实施职业技术教育,认为这样有可能永远延续阶级划分的传统。

杜威认为任何知识都包含行动的因素。没有行动就不会有知识;反过来,知识因为能指引行动而具有实用价值。杜威注重活动课程,倡导"学中做,做中学",使学校成为儿童成长的地方,而不是学习课本的地方。杜威主张职业技术教育应力求促进个人的发展,职业技术教育与普通教育相结合。

(4)福斯特

福斯特(Phlip J.Foster)是美国芝加哥大学教育学、社会学教授,当今国际职业技术教育理论界有影响的学者之一。福斯特于1965年发表《发展规划中的职业学校谬误》,提出的主要观点包括:职业技术教育必须以劳动力就业市场的需求为出发点;技术浪费应成为职业技术教育评估中的重要内容;职业化的学校课程既不能决定学生的职业志愿,也不能解决其失业问题;基于简单预测的"人力规划"不能成为职业技术教育发展依据。

第三节 产业结构与高等职业教育的关系

一、产业结构的演变对职业技术教育的影响

产业结构的演变对职业技术教育的改革与发展有着重要的作用,这种作用主要表现在以下三个方面:

一是产业结构的演变促使职业技术教育的产生。这一点主要表现在产业结构发展初期,主要是从近代机器大工业生产使职业学校应运而生这一角度来考察的。大工业生产破坏了学徒制度,旧的学徒制逐渐被废除。工厂的全部活动由从工人出发到从机器出发,需要工

人具有一定的专业知识和技能。大工业使生产从手工技术、个人经验、祖传秘密变成了科学，创立了工艺学这种完全现代化的科学。科学形成学科，使独立地、广泛地开展教学有了可能性。与此同时，大工业所创造的物质财富给人们的学习创造了条件，由此职业学校才得以诞生。这正如马克思在《资本论》中所指出的：" 劳动资料取得机器这种物质存在的方式，要求以自然力来代替人力，以自觉应用自然科学来代替从经验中得出的成规。"

二是产业结构的演变推进职业技术教育的发展。不论是在结构演变的初期，还是在发展的成熟期，产业结构的演变都在推动职业技术教育的发展。职业教育不仅仅是为个人谋生，强调发展职业教育应是政府行为，是公立学校的职责。这主要是源于工业化发展对大批熟练工和技术人员的需求，和面对资本主义社会的矛盾和危机，产生了反对传统书本知识教育，主张在各级教育中进行职业教育，从而确立了职业教育在学校制度中的地位。其中具有代表性的是德国的以学徒工培训为主要形式和美国以综合中学为主要形式的两种职教模式。从19世纪中后期开始，欧美各先进的资本主义国家开始颁布法令，实施职业技术教育，如1917年美国的《史密斯－休西法案》要求在全国建立中等职业教育系统，同时在中学开设职业课和各种职业选修课等。德、法两国通过法令，要求对受义务教育后到18岁的那年实施义务的职业教育。随着高科技的发展，产业结构进一步演变，生产从劳动密集型向知识密集型转变，工业社会开始向高科技的信息社会转变，使得职业结构也随之变化，职业技术教育呈现高移体趋势。职业技术教育的地位提到前所未有的高度，而且与"终身"教育紧密结合起来。

三是产业结构的演变呼唤职业技术教育的改革。由于产业结构的调整、变化，使得职业结构也相应发生变化，在社会生产活动中，最主要、最活跃的因素是劳动者的素质，不同产业在不同的时期对劳动者都提出各自的客观要求。这种要求随着产业结构的演变和科技的迅速变化，是不断更新的。职业技术教育必须通过改革，才能使劳动者迅速地提高理论知识水平、实践技能和关键能力，能采用新技术、新材料、新工艺从事新的职业。职业技术教育的改革包括各类学校的布局，应紧紧围绕产业结构的调整而变化；专业的设置必须遵循国家的产业政策，主动适应当地产业结构的调整，保证基础产业和支柱产业的发展；课程的开发要把握产业结构调整所出现的新的职业及就业机会，如我国新出现的物业管理、金融证券、广告营销、租赁保险等等。在改革中，职业教育应主要围绕主导产业提供教育服务和支持。

二、职业技术教育的发展对产业结构的反作用

职业技术教育对产业结构的影响主要表现在三个方面：

第一，职业技术教育推动产业结构的调整。职业技术教育通过培养的人才参与就业，对产业结构施加影响，使新的科学技术知识迅速进入各行各业，各行各业通过技术改造和

技术革新，实现产业结构的升级。

第二，职业技术教育的发展促使产业结构进一步优化。职业技术教育使产业结构升级、改造，在整个产业结构中，各产业之间形成较合理的产业序列，产业内部结构也趋于合理，进而使产业结构进一步优化。

第三，影响产业结构的布局。在不同的地区职业技术教育的发展速度和发展趋势不同；在不同的阶段，职业技术教育的发展形式不同。这些都对产业结构产生影响，使产业结构产生变动。

三、知识经济与职业技术教育

在知识经济时代，产业结构高级化，即产业的特征表现为深加工度和附加价值比较高，资本密集、知识技术密集、新兴产业所占的比重比较大。主要表现在产业结构高技术化、产业结构开放高度化、产业结构"软化"和产业结构高附加值化。

知识经济对传统产业具有优化作用。知识经济引导产业结构进行调整，促进产业组织和产业队伍的重构，推动产业结构不断升级，弥补传统产业经济的不足。21世纪，信息技术、生物技术、新材料技术、新能源技术、航天与空间技术、海洋开发技术等高技术产业群迅速崛起，导致了世界产业结构的升级和调整，有力地促进了社会生产力的发展。由于技术的迅猛发展，促进一批新兴高科技产业的产生和发展，促进了知识产业群的形成。

美国经济学家马克卢普首先提出了"知识产业"的概念，迄今为止，知识产业的内涵和外延还在不断发展中。有学者认为，在知识经济中，知识产业将是最重要的支柱产业；提出当代知识产业群包括科学技术产业群、信息情报产业群、文化教育产业群、传播娱乐产业群、智能智慧产业群、规划管理产业群、咨询策划产业群等八大产业群。其中文化教育产业群是生产知识的创造者人才大军的。人才的生产，使文化教育产业成为21世纪最大的产业之一。未来的人才，应是高素质的，符合经济发展和产业结构变动的人力资源，这样才能提高竞争力。由此职业技术教育的形式将更加多样，除了国家投资兴办，还出现了专门从事职业技术教育的组织，英、美等国还出现了出口教育的产业。

因此，在知识经济时代，职业技术教育作为文化教育产业群的重要组成部分，无论是在办学模式上，还是在办学规模上，都将面临着较大的发展和变化，对学校布局、学科专业设置、师资队伍建设、发展的规模与速度都将产生革命性的影响。同时，职业技术教育也将对知识经济的发展起到积极的反作用，对此应有充分的估计和准备。

四、职业教育专业布局与产业结构之间的匹配度现状

随着我国经济社会的快速发展，产业结构的转型升级已成为推动高质量发展的重要任务。在这一过程中，高职教育作为培养高素质技术技能人才的重要途径，承担着为产业结

构转型升级提供人才支撑的重要职责。然而,从近年高职院校毕业生就业情况看,当前高职教育的专业设置方向与区域产业结构提出的需求仍有差异,高素质人才匮乏掣肘区域经济发展,这不仅影响了高职教育的社会效益,也制约了产业结构的优化升级。因此,如何提高高职教育专业布局与产业结构之间的匹配度,成为高职教育改革和发展的重要课题。

(一)高职教育专业布局与产业结构之间存在的问题

高职教育专业布局是指高职院校根据社会需求和自身条件,确定开设的专业种类、数量、规模、层次和方向的总体安排。高职教育专业布局的合理性,直接关系到高职教育的质量和效益,也影响到高职毕业生的就业和发展。产业结构是指一个国家或地区在一定时期内,各个产业部门在国民经济中所占的比重和地位,以及各个产业部门之间的相互关系。产业结构的转型升级是指在一定的历史条件下,通过调整产业结构的内部组成和外部关联,提高产业结构的优化程度和竞争力,实现产业结构的质的变化。高职教育专业布局与产业结构之间的匹配度,是指高职教育专业设置的方向、内容和水平,与产业结构转型升级的需求和方向,能够达到一定的适应性和协调性。

从当前的实际情况看,高职教育专业布局与产业结构之间存在以下主要问题:

1. 高职教育专业设置缺乏前瞻性和针对性

高职教育专业设置应该根据产业结构的发展趋势和未来需求,进行科学的预测和规划,以适应产业结构转型升级的需要。然而,目前高职教育专业设置往往受制于传统的思维定式和惯性,缺乏对产业结构变化的敏感性和主动性,很多专业设置的依据是过去的经验和现状,而不是未来的需求和方向,导致高职教育专业设置与产业结构的发展脱节,无法满足产业结构转型升级的要求。例如,一些高职院校仍然沿袭过去的专业设置,重视传统的制造业和服务业,而忽视新兴的战略性产业和高技术产业,或者盲目跟风开设热门的专业,而不考虑区域的产业特色和优势,造成高职教育专业设置的同质化和泛化,无法形成特色和优势。

2. 高职教育专业设置缺乏灵活性和动态性

高职教育专业设置应该根据产业结构的变化和发展,进行及时的调整和更新,以适应产业结构转型升级的需要。然而,目前高职教育专业设置往往受制于体制的僵化和机制的不完善,缺乏对产业结构变化的及时响应和有效适应,很多专业设置的过程是长期的和固定的,而不是短期的和灵活的,导致高职教育专业设置与产业结构的发展不同步,无法满足产业结构转型升级的要求。例如,一些高职院校仍然坚持过去的专业设置,不愿意根据市场的变化和需求,进行专业的增减和调整,或者在专业的增减和调整中,缺乏科学的依据和程序,随意地增加或取消一些专业,造成高职教育专业设置的滞后和失衡,无法形成动态和平衡。

3. 高职教育专业设置缺乏协同性和创新性

高职教育专业设置应该根据产业结构的内部关联和外部影响，进行有效的协调和创新，以适应产业结构转型升级的需要。然而，目前高职教育专业设置往往受制于利益的分割和资源的分散，缺乏对产业结构变化的整体把握和系统创新，很多专业设置的目标是单一的和局部的，而不是综合的和全局的，导致高职教育专业设置与产业结构的发展不协调，无法满足产业结构转型升级的要求。例如，一些高职院校仍然孤立地进行专业设置，不愿意与其他高职院校或相关的行业和企业进行合作和交流，或者在专业设置中，缺乏创新的理念和方法，重复的开设一些传统的和常规的专业，造成高职教育专业设置的孤立和保守，无法形成协同和创新。

五、杭州高职教育与产业结构之间的匹配度分析

该部分研究是对本作者参加的课题《杭州职业教育专业布局与产业结构匹配度研究——以 H 高职院校为例》进行的引用和总结，尝试通过对杭州高职院校中综合办学能力最强的院校之一——H 高职院校的专业建设进行调研，从高等职业教育专业的内涵和特征分析入手，结合实地调研情况和具体问题，逐步提出完善高等职业教育专业设置，提升职业教育专业布局与产业结构匹配度，促进区域经济协调发展的建议。

（一）杭州高职教育与杭州产业发展问题表征分析

一是杭州高职教育专业层次结构与产业转型升级的需求不匹配，专业院校的空间布局与产业转型升级过程中的空间迁移错位；二是新设立专业培育与重点发展产业关联性不强，专业设置的市场导向机制尚未有效形成；三是职业教育办学模式与产业转型升级下的产教融合的要求不契合。

（二）杭州高职专业设置与杭州产业发展匹配度理论模型构建

杭州高职专业设置与杭州产业发展匹配度理论模型可以考虑从专业布局与产业结构、专业规模与就业市场、技能培养与产业技术三个维度进行分析，具体围绕专业目录与产业目录，专业空间布局与产业空间布局，职业教育人才供给结构与劳动力需求结构匹配，人才培养层次与劳动需求层次匹配，专业建设要素与劳动力技能需求要素匹配等方面具体展开。

（三）杭州高职教育专业建设与杭州产业发展匹配度实践范式分析

一是探索构建杭州高职教育与杭州产业转型发展的运行机制；二是探索构建杭州高职院校专业设置与杭州产业发展匹配度动态调整机制；三是探索构建杭州高职院校专业建设适应杭州产业发展的创新模式。

(四)杭州高职院校专业与杭州产业发展匹配度实践路径构建

以H高职院校专业设置与专业动态调整为例，探索构建教育链与人才链、专业链与产业链、课程链与岗位紧密对接的实践路径，为杭州产业转型发展提供技术技能人才支撑。

由此可见，对职业教育布局与产业结构之间的关系研究，有利于高等职业教育进行完善，更好地服务区域发展。

第二章 产业结构与职业教育发展的关系

第一节 产业结构发展与相关经济理论

一、产业结构作为经济发展重要变量的理论基础

(一)有关经济理论简述

经济的增长与发展是经济学中两个最基本的概念,它们既相互联系、又相互区别。经济增长是发展的中心内容,但侧重于利用现有的各种资源要素实现国民生产总量的扩大,它的研究重心是以包括资本、劳动力等为变量函数的相互关系;而经济发展理论则不仅关注国民生产总量的扩大与增长,还关注经济类型的变化,它更侧重从经济结构的转变来探讨经济的可持续发展。一些经济学家如罗斯托、钱纳里等通过对许多国家经济增长与发展情况的统计与历史分析,指出了经济结构改变和变动状况对经济增长、发展的影响是至关重要的。钱纳里甚至提出经济结构因素是影响经济增长的"慢变量"[1],至此,经济结构特别是产业结构的变化以及是否合理,成为关系到一个国家经济可持续发展的重要因素,该观点为人们所认同。在经济发展史上,最著名的例子就是有关日本与英国在战后的发展状况。日本在第二次世界大战后,面临资本、劳动、自然资源等要素严重匮乏的现实,充分发挥了结构因素对经济增长的作用,从推动产业结构转换中求速度、求效益、求发展,在战后的短短二十年里在战争的废墟上崛起,跻身于经济发达国家的行列。而英国曾是世界第一经济强国,由于忽视了对产业结构的及时调整,缺乏足够的产业结构转换能力,缺乏新兴的、能带动经济出现新的增长率的支柱产业,从而进入了经济发展的黑暗时代,

---

[1] 潘强恩,马传景. 经济结构与经济增长 [M]. 北京:经济科学出版社,1998:35.

经济地位不断下降。

(二)系统的经济发展理论简介

兴起于20世纪40～70年代,发展经济学已成为西方经济学的一个重要分支。它关注的是结构变动与经济总量增长之间的关系。这对于一个国家尤其是发展中国家的宏观经济调控与发展都具有十分重要的现实意义,因而备受关注。在将结构变动作为影响经济增长的重要因素而进行经济学分析的经济学家中,帕西内蒂是较为著名的代表人之一。

(三)帕西内蒂的有关理论简介

帕西内蒂在作了一系列限定后,对经济增长的三种情况进行了考察:①经济增长是由人口增长引起的;②经济增长是由人口增长和技术进步共同引起的;③经济增长是结构变化引起的,他的研究表明上述第三种情况是更一般、更现实的情形。换言之,现代增长理论认为经济结构是经济增长最重要、最关键的因素,是关系到经济可持续发展的一个因素。帕氏理论特别指出:现代经济增长的一个明显的变化是科学技术的大量应用,现代经济所出现的劳动生产率的高增长以及由此产生的人均国民生产总值的高增长率,最终可以归结为技术的发展。然而,科学技术的发明不可能在所有的部门之间平均分布,它往往只在特定的领域发生,被特定的生产部门所吸收,然后向别的部门扩展。因此,技术创新对总量增长的作用在很大程度上是通过结构关联效应实现的。[1] 结构关联效应使某一部门的技术创新作用不断扩散,并使技术创新的中心不断转移。如果结构不合理,势必影响到技术创新的扩散。

产业结构是经济结构中比较容易观察和测量的,因此在使用经济发展理论时经常从产业结构的变动及描述来进行经济学分析,本文也从这个角度出发来探究经济发展与职业教育发展的关系问题。

二、新增长理论的主要内容和代表学说介绍

(一)新增长理论的几个代表模型介绍

虽然被称为一个理论,但却不像新古典增长理论那样有一个为多数经济学家所共同接受的基本理论模型。新增长理论是一些持有相同或相似观点的经济学家所提出的诸多增长模型组成的一个松散集合体。其中包括:①罗墨(Romer,1986)知识溢出模型;②卢卡斯(Lucas,1988)的人力资本溢出模型;③斯托齐(Stokey,1988)的边干边学模型。[2]

这些模型所反映的共同点主要表现在以下几个方面:

---

[1] 潘强恩,马传景.经济结构与经济增长[M].北京:经济科学出版社,1998:37.
[2] 朱保华.新经济增长理论[M].上海:上海财经大学出版社,1999.

第一，经济增长理论家认为，经济可以实现持续且均衡地增长。经济增长是经济系统中内生因素作用的结果，而不是外部力量推动的结果。

第二，内生的技术进步是经济增长的决定性因素，技术进步是追求利润最大化的厂商进行自愿投资的结果。

第三，新经济增长理论在分析方法上的特点是，新增长理论家普遍采用动态一般均衡分析法构建增长模型。

第四，普遍认为技术（或知识）、人力资本具有溢出效应（spillover effect），这种溢出效应的存在是经济实现持续增长所不可缺少的条件。

由此可见，新经济增长理论最重要的一个共同点就是承认并重视技术和教育在经济增长中的作用，从这个角度讲新增长理论对我们认识提供生产、服务、管理一线的应用型人才培养的高等职业教育有十分重要的积极意义。

（二）教育与经济的互动关系

以上模型可以帮助我们从以下几个方面加深对教育与经济互动关系的理解：

第一，现代经济比以往任何时候都更依赖于知识生产、知识应用与知识扩散。根据经济合作与发展组织（1997）的研究，经合组织国家的有形投资正在越来越多地流向信息和通信技术等高技术商品和服务领域。同时，各国在劳动力培训、研究与开发、计算机软件和专门技术等方面的无形投资在总投资中占的比重也越来越大。

现在，经合组织主权成员国的国内生产总值中50%以上是以知识为基础的。这充分说明，现代社会从工业经济向后工业经济（知识经济）转变的过程中，教育扮演着前所未有的角色。作为直接推动经济发展的高等教育中的高等职业教育对经济发展所起的作用不可低估。

第二，根据新经济增长理论的研究结果，作为内生技术进步因素的知识载体，知识积累主要取决于经济当事人用于教育与培训、研究与开发等方面的投资。因此，直接提供各类技能技术型人才培养的高等职业教育体系、结构、规模和效益与经济增长内生变量有很大的关系。

知识的应用、知识的扩散同新知识的生产一样重要。一个社会往往并不缺乏知识，但可能缺乏以有意义的方式利用知识的能力，即缺乏将新知识有效地用于生产从而转化为生产力的能力。

教育是传播和实现新知识应用于生产领域，并转化为现实生产力的重要途径之一，尤其是高等职业教育作为直接为生产、服务、技术、管理一线服务的高等教育，它给予学生从事某一职业或工作岗位所需知识、技术技能和综合职业素质培养，并提供满足其在就业、转换职业或职业技术水平提高等方面的教育，成为使知识生产与知识应用、知识扩散间形成良性循环的重要因素。

因而一个国家和社会高等职业教育结构的合理与优化与否,成为这个国家是否拥有一个具有较快知识应用和扩散社会体系的教育制度保证。

第二节 回顾经济史中的产业结构调整

一、20世纪50～70年代中国工业化发展道路的提出

(一)"一五"时期优先发展重工业的指导思想

1952年在第一个五年计划的建设任务中,我国提出了工业建设"以重工业为主、轻工业为辅,其他经济部门在不妨碍重工业发展的情况下,按实际需要和人力物力的可能来发展"的方针。为了实现由落后的农业国逐步变为强大的工业国,提出必须首先着重发展冶金、燃料、电力、机械制造、化学等重工业。"一五"时期工业投资占国家对工农业基本建设投资的85.7%,农业投资占14.3%。工业投资中轻工业投资占15.0%,重工业则占85.0%。经过"一五"时期以重工业为中心的经济建设,改变了我国工业部门残缺不全的状况,奠定了国民经济发展的技术与物质基础。

(二)"以农业为基础、以工业为主导"的工业化道路

经过第一个五年计划的建设,我国建成了一批现代化的骨干企业,积累了一些经济建设的经验。但是,由于优先发展重工业,抑制了轻工业和农业的发展,尤其是农业不能满足迅速增长的工业发展的需要。因此,当时的紧迫任务是找出一条适合中国国情的工业化道路。

1961年国民经济开始进入困难的调整时期。1962年9月,中共八届十中全会提出了"以农业为基础,以工业为主导"的发展国民经济总方针,把发展农业放在首要地位,正确处理工业与农业的关系,这标志着中国工业化道路的正式形成。1963年9月,在中共中央《关于工业发展问题》的文件中,指出我国工业发展的方针是:第一,工业和农业密切结合,发展工业和发展农业同时并举;第二,生产资料的生产和消费资料的生产密切结合,发展重工业和发展轻工业密切结合;第三,民用工业和国防工业密切结合,发展基础工业和发展尖端技术同时并举。文件还指出,所谓独立的、完整的工业体系,就是要有能力为农业、工业、

国防、交通运输业提供成套技术装备的基础工业体系。

经过1961年到1965年的经济调整,国民经济各部门之间的比例关系得到了初步的改善,农轻重比例从1960年的21.8∶26.1∶52.1,调整到1965年的37.3∶32.3∶30.4,在新的基础上实现了比较协调的发展。

二、20世纪80年代中国产业结构的调整

(一)改革开放后对产业结构的调整

1978年12月,中共十一届三中全会召开,开始对国民经济中的一些重大的比例关系进行调整,1979年4月,在中共中央工作会议上,正式制定了对国民经济实行"调整、改革、整顿、提高"的方针。提出要正确处理好国民经济各方面的平衡发展关系,如农、轻、重关系,基础工业和加工工业关系,建设规模和国力的关系,进出口关系,物质资料生产与人口生产的关系,积累与消费的关系等。中共十一届三中全会以后和"六五"计划期间,我国在经济结构上进行了"补偿式"的倾斜,有计划地放慢了重工业的发展速度,加快了农业和轻工业的发展。1979年,轻工业比1978年增长了9.6%,重工业增长了7.6%,轻工业的发展速度首次超过了重工业,1980年轻工业又比1979年增长了18.4%,大大超过重工业1.5%的增长速度130,轻工业生产保持较快速度的增长。在工业总产值中,轻重工业的比重由1978年的43.1∶56.9调整到1985年的49.6∶50.4。"六五"期间,农业也得到了较快速度的发展,农业产值平均每年增长11.7%。与以前相比,国民经济结构呈现出一定程度的"轻型化"现象。

(二)以结构优化为特征的产业政策的实施

经过改革开放后及"六五"期间的经济结构调整,社会生产的基本结构趋于合理。1987年10月,中共十三大召开,会议提出了注重效益、提高质量、协调发展、稳定增长的经济发展战略,认为要在结构合理的基础上实现总量平衡。中共十三大报告强调:为了实现产业结构合理化,国家应该制定正确的产业政策,并运用价格、财政、信贷等经济杠杆进行干预和调节。对于国民经济结构,报告认为今后的发展方向是:坚持把农业放在十分重要的战略地位,全面发展农村经济;在大力发展消费品工业的同时,充分重视基础工业和基础设施,加快发展以电力为中心的能源工业,以钢铁、有色金属、化工原料为重点的原材料工业,以综合运输体系和信息传播体系为主轴的交通业和通信业;努力振兴机械电子工业,为现代化建设提供越来越多的先进技术设备;以积极推进住宅商品化契机,大力发展建筑业,使它逐步成为国民经济的一大支柱。要重视发展第三产业,努力实现第一、第二、第三产业协调发展。

中共十三大在我国社会主义建设历史上第一次作出了制定产业政策的决策,第一次提

出了系统的产业政策,这标志着我国关于工业化道路和经济结构的理论认识发展到了一个新的高度,为以后我国产业结构的调整与优化奠定了理论基础。

三、20世纪90年代中国产业结构的优化

(一)20世纪80年代末期中国产业结构面临的问题

20世纪80年代末期,伴随经济的快速增长,供求总量和结构失衡的矛盾加大,主要表现在:第一,工业的高速增长与农业的徘徊不前形成矛盾。1985年之后,农业生产再度陷于徘徊。1985—1988年,农业平均每年增长3.9%,工业平均每年增长17.8%,两者增长速度之比为1∶4.5,差率大于1953—1987年的平均数,农业的徘徊不前限制了工业和整个国民经济的快速发展。第二,工业结构过分地向一般加工工业倾斜,且增长速度很快,以至于能源、原材料等基础工业产品短缺,制约了整个国民经济的发展。而交通、运输等基础工业发展滞后,成为制约整个经济发展的瓶颈。1988年与1982年相比,加工工业在全部工业中所占的比重由38.1%上升到43.9%,采掘工业和原材料工业则由26.6%下降到23.1%,加工工业的盲目发展,不仅加剧了工业内部比例关系的失调和"瓶颈"制约,而且削弱了经济发展的后劲。

针对总量与结构矛盾,1988年9月,党的十三届三中全会提出了"治理经济环境、整顿经济秩序、全面深化改革"的方针。在1989年的政府工作报告中,强调在优化结构的基础上提高国民经济的素质和效益。认为当前调整结构的任务是集中力量发展农业,农业是国民经济的薄弱环节,要切实加强农业在国民经济中的基础作用,此外,要努力加强能源、交通和原材料等基础产业和基础设施的建设,加强能够增加有效供给的产业和产品,增强经济发展的后劲,同时控制一般加工工业的发展规模和速度,使之与基础产业协调发展。

(二)20世纪90年代中国产业发展战略

一是重点发展农业、能源、原材料、交通等基础产业和电子工业。1990年12月30日,中共十三届七中全会通过了《中共中央关于制定国民经济和社会发展十年规划和"八五"计划的建议》(以下简称《建议》),《建议》提出了,今后十年和"八五"计划期间,我国产业发展的方向是大力调整产业结构,加强农业、基础产业和基础设施的建设,改组改造加工工业,不断促进产业结构合理化。制定了以基础产业和电子工业为重点的产业发展战略。

基础产业包括农业和基础工业,《建议》将大力加强和发展农业放在首要地位,同时强调加强基础工业和基础设施的建设,提出要加强能源、交通、通讯、重要原材料以及水利等基础工业与技术设施的建设。为了推进产业结构高度化,《建议》规定要把发展电子工业放在突出位置,集中力量发展以大规模集成电路为中心、计算机为主体的投资类电子产品,

大力加强微电子技术、计算机与软件、传感器的开发及应用,运用电子技术改造传统产业,促进新兴产业的发展。

二是加快发展第三产业。1992年6月16日,中共中央、国务院发布《关于加快发展第三产业的决定》,提出必须使第三产业全面、快速地发展。1992年10月12日,江泽民在中共十四大报告中进一步提出了发展第三产业的重要性。他认为,第三产业的兴旺发达,是现代化经济的一个重要特征。发展我国商业、金融、保险、旅游、信息、法律和会计审计咨询、居民服务等第三产业,不仅有利于提高服务的社会化、专业化水平,提高经济效率和效益,而且可以创造就业机会,带动大量的劳动力就业,为经济结构调整、企业经营机制转换和政府机构改革创造重要条件。

四、21世纪中国产业结构的升级

(一)"十五"期间——重视农业、加快发展高科技和服务产业

在进入21世纪后,中国面临着经济增长放缓、资源环境约束加剧、国际竞争加剧等多重挑战,需要调整和优化产业结构,提高经济的质量和效益。为此,中国制定了"十五"规划,提出了重视农业、加快发展高科技和服务产业的战略目标。

农业是中国经济的基础,也是保障国家粮食安全和农民收入的重要领域。在"十五"期间,中国加大了对农业的投入,实施了粮食生产基地建设、农村基础设施建设、农业科技创新等一系列政策措施,促进了农业的稳定发展。同时,中国也加强了农业的结构调整,发展了优势特色农产品,提高了农业的附加值和竞争力。

高科技产业是中国经济的战略性支柱,也是提升国家综合实力和国际影响力的关键领域。在"十五"期间,中国加快了高科技产业的发展,实施了国家重大科技项目、国家高技术研究发展计划、国家科技基础条件平台建设等一系列政策措施,促进了高科技产业的创新和突破。同时,中国也加强了高科技产业的结构调整,发展了信息技术、生物技术、新材料、新能源等战略性新兴产业,提高了高科技产业的质量和效率。

服务产业是中国经济的增长点,也是满足人民日益增长的物质文化需求的重要领域。在"十五"期间,中国加快了服务产业的发展,实施了社会事业发展规划、服务业发展规划、服务业创新发展试点等一系列政策措施,促进了服务产业的多样化和深化。同时,中国也加强了服务产业的结构调整,发展了金融、物流、教育、文化、旅游等现代服务业,提高了服务产业的水平和质量。

通过重视农业、加快发展高科技和服务产业,中国在"十五"期间实现了产业结构的升级,促进了经济的平衡和协调发展,为后续的经济转型奠定了坚实的基础。

（二）"十一五"期间——发展现代农业、推进工业结构优化升级、加快发展服务业

在"十五"期间的基础上，中国在"十一五"期间继续推进产业结构的升级，提出了发展现代农业、推进工业结构优化升级、加快发展服务业的战略目标。

现代农业是提高农业生产力和农民生活水平的必然要求，也是实现农业可持续发展的重要途径。在"十一五"期间，中国加快了现代农业的发展，实施了农业科技支撑计划、农业综合开发计划、农村土地整治工程等一系列政策措施，促进了现代农业的建设和发展。同时，中国也加快了现代农业的结构调整，发展了设施农业、生态农业、循环农业、标准化农业等新型农业，提高了现代农业的效益和竞争力。

工业结构优化升级是提高工业质量和效益的根本途径，也是应对国际市场变化和国内资源环境压力的必要选择。在"十一五"期间，中国推进了工业结构优化升级，实施了重大技术装备自主创新工程、节能减排工程、循环经济试点工程等一系列政策措施，促进了工业结构的优化和升级。同时，中国也推进了工业结构优化升级的结构调整，发展了装备制造业、新能源汽车、航空航天、海洋工程等战略性新兴产业，提高了工业结构的先进性和协调性。

服务业发展是扩大内需和增加就业的重要途径，也是提升国民生活质量和社会文明程度的重要标志。在"十一五"期间，中国加快了服务业的发展，实施了服务业创新发展行动计划、服务业国际竞争力提升计划、服务业标准化工程等一系列政策措施，促进了服务业的创新和发展。同时，中国也加快了服务业的结构调整，发展了健康、养老、教育、文化、体育等社会服务业，提高了服务业的覆盖面和质量。

通过发展现代农业、推进工业结构优化升级、加快发展服务业，中国在"十一五"期间进一步实现了产业结构的升级，促进了经济转型和升级，为后续的经济社会可持续发展创造了有利条件。

（三）"十二五"时期——加快发展现代农业、促进工业转型升级及服务业大发展

在"十一五"期间的基础上，中国在"十二五"时期继续加快产业结构的升级，提出了加快发展现代农业、促进工业转型升级及服务业大发展的战略目标。

现代农业发展是保障国家粮食安全和农民增收的重要保障，也是促进农村经济社会发展的重要动力。在"十二五"时期，中国加快了现代农业的发展，实施了粮食安全战略、农业综合配套改革、农村改革发展试验区等一系列政策措施，促进了现代农业的稳定和发展。同时，中国也加快了现代农业的结构调整，发展了粮油、蔬菜、水果、畜牧、渔业等特色优势产业，提高了现代农业的品质和效率。

工业转型升级是提升工业竞争力和创新能力的必要条件，也是实现工业绿色发展和节能减排的重要途径。在"十二五"时期，中国促进了工业转型升级，实施了战略性新兴产业发展规划、制造业创新中心建设、工业节能减排专项行动等一系列政策措施，促进了工业转型升级的进程和成效。同时，中国也促进了工业转型升级的结构调整，发展了集成电路、新一代信息技术、新能源、新材料、生物医药等战略性新兴产业，提高了工业转型升级的质量和水平。

服务业大发展是扩大消费和增加就业的重要手段，也是提高国民福祉和社会文明水平的重要体现。在"十二五"时期，中国加快了服务业的大发展，实施了服务业创新发展十二五规划、服务业国际化行动计划、服务业标准化工程等一系列政策措施，加快了服务业的创新和发展。同时，中国也加快了服务业的结构调整，发展了金融、物流、商贸、旅游、文化、教育、卫生、社会保障等现代服务业，提高了服务业的比重和质量。

（四）"十三五"时期——全面推动经济转型升级，实现经济社会可持续发展

在"十三五"规划期间，中国面临着经济增长进入新常态、供需结构发生深刻变化、国际环境更加复杂多变等新的形势和任务，需要通过产业结构的深度调整，提高经济的内生动力和韧性，实现创新发展。为此，中国制定了一系列的战略部署，以全面推动经济转型升级，实现经济社会可持续发展为总目标，推动产业结构的升级。

在农业方面，中国坚持以提高农业综合效益和竞争力为核心，以建设现代农业产业体系、生产体系、经营体系为主要内容，以实施乡村振兴战略为总抓手，推动农业现代化。中国加快了农业供给侧结构性改革，优化农业生产布局，调整农业产品结构，提高农业质量安全，满足人民对优质农产品的需求。同时，中国也加强了农业绿色发展，推进农业节水、节肥、节药，发展低碳循环农业，保护农业生态环境，实现农业与自然的和谐共生。在"十三五"时期，中国农业总产值达到了36.5万亿元，年均增长5.1%，农民人均纯收入预计达到了16000元，年均增长6.6%。

在工业方面，中国坚持以提高供给体系质量为主线，以制造业高质量发展为重点，以推进供给侧结构性改革为主要途径，以建设制造强国为战略目标，推动工业转型升级。中国加快了制造业创新发展，加强科技创新能力，推进智能制造、绿色制造、服务型制造、品牌建设等，提高制造业的质量效率和核心竞争力。同时，中国也加快了制造业优化升级，深化产业融合发展，推进产业链、供应链、价值链的优化重组，提高制造业的协同创新和协同效应。在"十三五"时期，中国工业增加值预计达到了156.8万亿元，年均增长5.9%，工业能耗强度预计下降了18%，工业污染物排放总量预计下降了10%。

在服务业方面，中国坚持以满足人民对美好生活的向往为出发点和落脚点，以提升服

务业质量和效率为重心,以培育壮大服务业新动能为重点,以促进服务业创新发展和对外开放为重要途径,推动服务业大发展。中国加快了服务业结构优化,发展高端服务业、生活服务业、社会服务业等,提提高服务业的附加值和比重。同时,中国也加强了服务业创新能力,发展数字经济、共享经济、平台经济等,提高服务业的智能化和个性化水平,增强服务业的活力和动力。在"十三五"时期,中国服务业增加值预计达到了115.6万亿元,年均增长6.7%,服务业占GDP的比重预计提高了3.4个百分点,达到了55%。

(五)"十四五"规划——加快新技术、新产业发展,实现产业结构升级

随着中国经济的不断增长和发展,产业结构调整升级成为了当前和未来一段时期中国经济发展的主要任务之一,在"十四五"时期,中国将继续推进产业结构调整升级,以适应新的经济发展模式和国际竞争力的提升。通过加大对新兴产业、高端制造业、战略性新兴产业的投入,扶持企业技术研发和创新能力提升,加快新技术、新产业的孵化和发展,实现产业结构的调整和升级。

智能制造是中国制造业发展的主要趋势,也是产业结构升级的重要方向。在"十四五"时期,中国将继续推动智能制造的发展,加快数字化、网络化、智能化的融合,推动工业互联网、智能制造等新兴产业的发展,提升中国制造业的国际竞争力。

绿色发展是中国经济发展的必然选择,也是产业结构调整升级的重要方向。在"十四五"时期,中国将继续加大对环保产业、清洁能源产业的支持力度,发展循环经济和节能诚排技术,制定更加严格的环境标准和法规,推动中国产业向绿色发展方向转变。

服务业是未来中国经济增长的主要引擎之一,也是产业结构调整升级的重要内容。在"十四五"时期,中国将继续扶持现代服务业的发展,推动互联网、大数据、人工智能等技术在服务业的应用,提升服务业的质量和水平,实现服务业对经济增长的主要贡献。

在产业结构调整升级的过程中,公平竞争的原则是非常重要的。在"十四五"时期,中国将继续优化市场环境,加大对知识产权保护的力度,促进企业间的公平竞争,引导企业加大技术创新和人才培养,提升企业核心竞争力。

中国产业结构调整升级已经成为当前和未来一段时期中国经济发展的主要任务之一。"十四五"时期,中国将继续推动产业结构调整升级,加快高质量发展、推动数字化和智能化转型、推动可持续发展、实现产业转型升级、强化智能制造发展、加快绿色发展步伐、提升服务业水平、促进公平竞争。这些政策思路将有力促进中国经济的转型和发展,提升中国在全球经济中的地位和影响力。

第三节 职业教育发展的特点

一、职业教育的需求日益增长

随着社会经济的快速发展，人们对于职业技能的需求也日益增长。在当今竞争激烈的就业市场中，拥有专业的职业技能是获得优势的重要条件。同时，随着科技的进步和产业的转型升级，许多传统的职业岗位正在消失或改变，而新兴的职业岗位又需要新的技能和知识。因此，职业教育不仅是为了满足初次就业人群的需要，也是为了满足转业、再就业、终身学习的人群的需要。

职业教育的需求日益增长，也反映了社会对于职业教育的认可和重视。在过去，职业教育往往被视为低端的教育形式，只是为了培养一些基层的技术工人。而现在，职业教育已经成为高质量的教育形式，能够培养出各行各业的专业人才。职业教育不仅能够提高个人的就业能力和收入水平，也能够促进社会的经济发展和创新能力。因此，越来越多的人选择把职业教育作为自己的学习和发展的途径。

二、职业教育的内容日益多样化

随着职业教育的需求日益增长，职业教育的内容也日益多样化。在传统的职业教育中，主要是以工业、农业、服务业等领域为主，涉及的职业类型和技能范围相对较窄。而在现代的职业教育中，不仅涵盖了传统的领域，还扩展到了信息技术、文化创意、健康养老、环境保护等新兴的领域，涉及的职业类型和技能范围相对较广。这些新兴的领域不仅具有较高的市场需求和发展潜力，也具有较高的社会价值和意义。

职业教育的内容日益多样化，也反映了职业教育的创新和适应能力。在面对社会经济的变化和挑战时，职业教育能够及时调整和更新自己的教学内容和方法，以适应新的技术和市场的需求。职业教育不仅能够传授基础的职业技能和知识，也能够培养创新的思维和能力，以应对不断变化的职业环境和任务。职业教育不仅能够满足个人的职业发展和生活需要，也能够满足社会的多元化和发展需要。

三、职业教育的形式日益灵活化

传统的职业教育通常是以学校为主要场所，以教师为主要传授者，以课堂为主要形式，以学历为主要目标的教育模式。这种模式虽然有利于规范教育质量和管理教育过程，但也存在一些弊端，如教育内容与社会需求脱节、教育方式与学习者特点不符、教育周期与就业机会不匹配等。为了克服这些问题，职业教育开始采用更加灵活的形式，如：

以企业为主要场所，以实践为主要内容，以技能为主要目标的校企合作模式。这种模式可以使学习者直接接触实际工作环境，掌握真实的职业技能，提高就业竞争力，同时也可以使企业参与教育过程，提供教育资源，培养合格的人才，实现双赢的效果。

以网络为主要平台，以自主为主要方式，以证书为主要目标的在线教育模式。这种模式可以使学习者根据自己的时间、地点、兴趣和需求，选择适合自己的课程和教师，进行个性化的学习，获取国内外的优质教育资源，提升自身的知识和能力，同时也可以使教育提供者拓展教育市场，降低教育成本，提高教育效率。

以社区为主要载体，以服务为主要特色，以素质为主要目标的终身教育模式。这种模式可以使学习者在自己生活和工作的社区内，参与各种有益于个人和社会的教育活动，如职业培训、兴趣班、公益课程等，实现学习与生活的融合，提高自身的综合素质，同时也可以使社区发挥教育功能，丰富教育内容，促进社会和谐。

四、职业教育的质量日益受到重视

职业教育的质量是衡量职业教育的效果和水平的重要标准，也是影响职业教育的发展和竞争力的关键因素。随着社会对职业教育的需求和期待的提高，职业教育的质量也受到了越来越多的关注和重视，体现在以下几个方面：

职业教育的质量标准日益完善。为了保证职业教育的质量，各国和各地区都制定了相应的质量标准，如职业教育的目标、内容、过程、评价等，以及职业教育的认证、评估、监督等机制，以规范和指导职业教育的实施和改进。

职业教育的质量保障日益加强。为了提高职业教育的质量，各级各类的职业教育机构都建立了相应的质量保障体系，如职业教育的教学、管理、服务等，以及职业教育的师资、设施、资源等，以保证和提升职业教育的教育效果和水平。

职业教育的质量创新日益突出。为了优化职业教育的质量，各方面的职业教育参与者都积极探索和实践新的教育理念、方法、技术等，如职业教育的课程、教学、评价等，以及职业教育的合作、交流、竞赛等，以适应和引领职业教育的发展和变化。

第四节 产业结构调整与职业教育关系的历史结论

一、产业结构与职教发展的关系

(一)正相关的发展关系

产业结构与职教发展是正相关的发展关系,即产业结构的变化会影响职教的需求,而职教的发展也会促进产业结构的调整。从历史上看,每一次产业革命都伴随着职业教育的变革,而每一次职业教育的创新也都推动了产业的进步。例如,第一次产业革命以机械化为主要特征,催生了工业化的初期阶段,这时候,职业教育主要是以学徒制为主,培养一些基本的技能和操作能力。第二次产业革命以电气化为主要特征,开启了工业化的中期阶段,这时候,职业教育开始以职业学校为主,培养一些专业的技术和管理能力。第三次产业革命以信息化为主要特征,引领了工业化的后期阶段,这时候,职业教育逐渐以高等职业教育为主,培养一些高端的创新和应用能力。第四次产业革命以智能化为主要特征,预示了工业化的超越阶段,这时候,职业教育需要以终身学习为主,培养一些跨领域的综合和适应能力。

从现实上看,产业结构与职教发展两者也是正相关的发展关系,即产业结构的升级需要职教的支持,而职教的提升也需要产业的引领。在当前的经济形势下,我国正面临着产业结构的转型升级的紧迫任务,需要从传统的以规模和速度为导向的发展模式,转变为以质量和效益为导向的发展模式,需要从以资源和劳动力为依赖的要素驱动,转变为以创新和人才为依赖的创新驱动,需要从以第二产业为主导的工业化阶段,转变为以第三产业为主导的现代化阶段。这些转变,都需要有大量的高素质的职业人才的支撑,而这些职业人才的培养,就需要有高水平的职业教育的保障。同时,职业教育的发展也需要有产业的需求和反馈,需要与产业的发展方向和技术变化相适应,需要与产业的就业岗位和职业标准相对接,需要与产业的创新活动和实践平台相结合。只有这样,职业教育才能真正发挥其为产业服务、为社会服务、为人才服务的功能。

(二)产业结构决定了职业教育的专业设置和结构构成

产业结构不但影响了职教的发展水平,而且决定了职教的专业设置和结构构成。职业教育的专业设置,是指职业教育所开设的各种专业的名称、类别、层次、方向、内容等,是职业教育的基本单元和核心要素。职业教育的结构构成,是指职业教育的各个层次、类型、形式、渠道等的比例和关系,是职业教育的整体框架和基本特征。产业结构的变化,会导致产业的需求和特点的变化,从而影响职业教育的专业设置和结构构成的调整和优化。具体来说,产业结构决定了职业教育的专业设置和结构构成的以下四个方面:

1. 产业结构决定了职业教育的专业设置的数量和质量

产业结构的变化,会导致产业的规模和结构的变化,从而影响职业教育的专业设置的数量和质量。一方面,产业结构的升级,会带来产业的增长和多样化,从而需要职业教育开设更多的专业,以满足产业的不同领域和层次的需求。另一方面,产业结构的优化,会带来产业的提高和集中化,从而需要职业教育提高专业的质量,以适应产业的高端和核心的需求。因此,职业教育的专业设置,需要根据产业结构的变化,进行动态的调整和优化,以保持专业的数量和质量的平衡和协调。

2. 产业结构决定了职业教育的专业设置的方向和重点

产业结构的变化,会导致产业的发展方向和重点的变化,从而影响职业教育的专业设置的方向和重点。一方面,产业结构的转型,会带来产业的新兴和战略性的方向,从而需要职业教育开设一些与时俱进的专业,以支持产业的创新和发展。另一方面,产业结构的升级,会带来产业的优势和特色性的重点,从而需要职业教育开设一些有特色的专业,以突出产业的优势和特色。因此,职业教育的专业设置,需要根据产业结构的变化,进行有针对性的调整和优化,以保持专业的方向和重点的适应和突出。

3. 产业结构决定了职业教育的专业设置的内容和形式

产业结构的变化,会导致产业的技术水平和形式的变化,从而影响职业教育的专业设置的内容和形式。一方面,产业结构的升级,会带来产业的技术进步和更新,从而需要职业教育更新专业的内容,以跟上产业的技术变化。另一方面,产业结构的优化,会带来产业的形式多样化和灵活化,从而需要职业教育创新专业的形式,以适应产业的形式变化。因此,职业教育的专业设置,需要根据产业结构的变化,进行及时的更新和创新,以保持专业的内容和形式的先进和灵活。

4. 产业结构决定了职业教育的结构构成的层次和类型

产业结构的变化,会导致产业的人才需求和特点的变化,从而影响职业教育的结构构成的层次和类型。一方面,产业结构的升级,会带来产业的人才需求的提高和分化,从而需要职业教育提高结构构成的层次,以培养更多的高层次的职业人才。另一方面,产业结构的优化,会带来产业的人才特点的多元化和个性化,从而需要职业教育拓展结构构成的类型,以培养更多的多类型的职业人才。因此,职业教育的结构构成,需要根据产业结构的变化,进行合理的提高和拓展,以保持结构构成的层次和类型的适应和多样。

二、职业教育的发展与产业结构的关系

(一)职业技术教育模式的历史回顾

职业技术教育,简称职教,是指以培养具有一定专业技能和职业素养的人才为目的的教育。职教的发展与社会经济的变化密切相关,特别是与产业结构的演进有着重要的联系。从历史上看,职教的模式可以大致分为以下三个阶段:

1. 手工业时代的师徒制

这是最早的职教模式,主要是通过师傅和徒弟之间的传授和实践,来培养具有一定手工技能的工匠。这种模式的优点是能够保持技术的传承和创新,培养出一些优秀的手工艺人。这种模式的缺点是教育效率低,受制于师傅的水平和数量,难以适应社会和市场的需求,也难以形成统一的教育标准和质量。

2. 工业革命时代的学徒制

这是随着工业革命的兴起,出现的一种新的职教模式,主要是通过工厂和企业内部的培训和实习,来培养具有一定工业技能的工人。这种模式的优点是能够适应工业化的生产方式,提高劳动生产率,培养出一批适应市场的技术人才。这种模式的缺点是教育内容单一,受制于企业的利益和规模,难以满足社会和个人的多样化需求,也难以保证教育的公平和普及。

3. 现代社会的学校制

这是随着社会的进一步发展,出现的一种更为成熟和完善的职教模式,主要是通过专门的职业学校和院校,来提供系统的职业教育课程和服务,来培养具有多方面专业技能和职业素养的人才。这种模式的优点是能够适应社会和经济的多元化和复杂化,提高教育的质量和效果,培养出一批能够适应不同领域和岗位的高素质人才。这种模式的缺点是教育成本高,受制于教育资源的分配和利用,难以解决教育的供需矛盾和结构失衡,也难以保持教育的灵活性和创新性。

(二)职教课程模式和同时期教育理论

职教的课程模式,是指职教的教学内容、方法、过程和评价的组织和安排方式。职教的课程模式,不仅受到社会和经济的影响,也受到教育理论的指导和启发。从历史上看,职教的课程模式可以大致分为以下四种类型:

1. 知识传授型

这是一种以知识为中心,以教师为主导,以讲授为主要手段,以考试为主要评价的课程模式。这种模式的优点是能够传授基础的理论知识,培养学生的记忆和理解能力。这种模式的缺点是忽视了实践的重要性,忽视了学生的主体性和个性化,忽视了课程的联系性和适应性。这种模式主要受到行为主义教育理论的影响,认为教育是一种刺激-反应的过程,教师的任务是通过外部的奖惩,来控制和改变学生的行为。

2. 技能训练型

这是一种以技能为中心,以教练为主导,以演示和练习为主要手段,以表现为主要评价的课程模式。这种模式的优点是能够培养学生的操作和应用能力,培养学生的动手和实践能力。这种模式的缺点是忽视了理论的重要性,忽视了学生的思维和创造能力,忽视了课程的深度和广度。这种模式主要受到认知主义教育理论的影响,认为教育是一种信息的加工和存储的过程,教练的任务是通过有效的呈现和重复,来提高学生的记忆和理解能力。

3. 问题解决型

这是一种以问题为中心,以导师为主导,以探究和讨论为主要手段,以解决为主要评价的课程模式。这种模式的优点是能够培养学生的分析和解决能力,培养学生的思辨和合作能力。这种模式的缺点是忽视了基础的重要性,忽视了学生的知识和技能的系统性,忽视了课程的规范性和稳定性。这种模式主要受到建构主义教育理论的影响,认为教育是一种知识的构建和重构的过程,导师的任务是通过引导和支持,来激发和促进学生的主动和自主学习。

4. 项目实施型

这是一种以项目为中心,以合作伙伴为主导,以设计和实施为主要手段,以成果为主要评价的课程模式。这种模式的优点是能够培养学生的规划和执行能力,培养学生的创新和创业能力。这种模式的缺点是忽视了评价的重要性,忽视了学生的反思和改进能力,忽视了课程的可持续性和可复制性。这种模式主要受到情境主义教育理论的影响,认为教育是一种情境的创造和参与的过程,合作伙伴的任务是通过设计和实施,来展示和应用学生的综合和专业能力。

(三)职教课程模式的未来趋势

随着社会和经济的快速发展,产业结构的不断变化,职教面临着新的挑战和机遇。职教课程模式也需要不断地调整和创新,以适应时代的需求和变化。从未来的趋势来看,职教课程模式可能会有以下三个方面的发展:

1. 知识技能融合型

这是一种以知识和技能为双重中心,以教师和教练为双重主导,以讲授和演示、练习和探究为双重手段,以考试和表现、解决和成果为双重评价的课程模式。这种模式的优点是能够平衡理论和实践的关系,培养学生的知识和技能的综合能力。这种模式主要受到认知主义和建构主义教育理论的共同影响,认为教育是一种信息的加工和知识的构建的过程,教师和教练的任务是通过有效的呈现和引导,来提高学生的记忆和理解、分析和解决能力。

2. 问题项目融合型

这是一种以问题和项目为双重中心,以导师和合作伙伴为双重主导,以探究和讨论、设计和实施为双重手段,以解决和成果为双重评价的课程模式。这种模式的优点是能够激发学生的兴趣和动机,培养学生的创新和创业能力。这种模式主要受到建构主义和情境主义教育理论的共同影响,认为教育是一种知识的重构和情境的参与的过程,导师和合作伙伴的任务是通过支持和合作,来促进学生的主动和自主、创新和创业学习。

3. 个性化和智能化型

这是一种以学生的个性和智能为中心,以个性化和智能化的系统为主导,以个性化和智能化的内容和方法为手段,以个性化和智能化的反馈和评价为评价的课程模式。这种模式的优点是能够满足学生的个性化和多样化的需求,培养学生的自我调节和自我发展能力。这种模式主要受到人本主义和人工智能教育理论的影响,认为教育是一种个性的发展和智能的提升的过程,个性化和智能化的系统的任务是通过个性化和智能化的分析和推荐,来适应和优化学生的学习路径和效果。

第三章 职业教育与产业供给侧协同发展体制机制的创新

第一节 职业教育供给侧改革对产业发展的驱动机制的创新

进入21世纪以来，我国经济中供需结构性失衡问题更加严重，产业、环境、社会等改善乏力，进行供给侧改革、优化产业结构、实现产业升级和可持续发展成为最大最急迫的问题。为了解决这一复杂问题，我国需要协调产业、流通、分配等环节，特别需要为实现改革目标而进行人才储备与培训。职业教育供给侧改革属于经济供给侧结构性改革的组成部分，对满足经济供给侧改革的技术技能人才需求、技术转移、创新创业、产业升级和新产业发展，都具有重要的意义。

一、职业教育供给侧改革的路径方法

高等职业教育经过两轮评估和示范、骨干院校建设，发展重点从外延扩张深入到内涵建设，人才培养质量不断提升，利益相关方的认可度也稳步提高，但学生的地位和作用没有得到凸显。在供给侧改革视域下，高职院校是职业教育服务的提供者，学生是职业教育服务的体验者和消费者。因此，遵循教育本质属性和人才培养规律，树立"以学生为中心"的人才培养观，通过提供高水平的职业教育服务，使人才培养质量全面提升，这成为高职院校的工作重点。

习近平总书记强调把立德树人作为高校的立身之本。《高等职业教育创新发展行动计

划（2015—2018年）》提出"坚持适应需求、面向人人"，"悉尼协议"也明确要求高等学校要树立"以学生为中心"的教育理念。在国际国内教育发展新形势下，高职院校要不忘来路，创新出路，要"眼中有人"，始终把人作为服务对象，培养符合党的教育方针要求、具有深厚文化底蕴和精湛一技之长且富有工匠精神的技术技能人才。

"以学生为中心"的人才培养观，就是在充分尊重学生个体独立性的基础上，从学生的知识发展需求出发，按照职业能力成长规律和人的可持续发展需要，构建服务和成就学生的育人体系，提高服务学生的能力和水平，实现成就学生的目标。树立"以学生为中心"的人才培养观，将学生从主体地位提升到中心地位，既符合人的全面发展理论，又反映了高职教育供给端转型升级的内在要求，是一次深刻的人才培养范式变革。

重塑学生自信，矫正学生品格，提升自我认同是提供"有效性"供给的基础和条件。为提供高质量的职业教育服务，学校应一是利用互联网技术建设多方交流平台，让校长、老师、家长和学生能够借助平台多向或单向交流，针对学生的需求而不断改进人才培养方式方法；二是构建学生成长成才的制度体系，如各种技能大赛、创新创造大赛等，使每一个学生都能通过努力获得成功的机会，促进学生的健康成长和个性化发展；三是抓住校园活动的关键时间节点，如开学第一课、新学期升旗仪式、军训成果汇报会等，强化活动育人和仪式教育在学生全面发展中的作用。学校通过以上方式和途径，提升学生的自信心和成就感，提高学生的主体参与度，增强学生的自我认同感。

厚植文化底蕴，精湛一技之长是提供"精准性"供给的路径和手段。学校落实"以学生为中心"的人才培养观，不仅要加强职业技能的培养，同时也要提高学生的文化素养。一是建构"文化+"的培养模式。通过引进产业文化，打造产教深度融合的专业文化，学校能够培养学生的职业伦理、职业精神和职业态度；通过引入传统文化和地方文化，丰富人文素质教育内容、培养学生的爱国精神和民族自信；通过推介留学生母语文化，营造国际多元文化的氛围，培养学生的国际视界、本土意识和民族情怀。通过对文化的理解、传承和创新，学校能够使文化融汇于高职教育，最终实现以文"育"人、以文"化"人的目的。二是充分利用优质教育资源提供高质量教育教学产品，通过双师型教师队伍建设、实训设施升级、优化教育教学管理模式等途径，学校能够实现个性化、精细化培养，使学生在全面发展基础上具有一技之长，走向社会的过程中，能够终身适应社会不断发展的需要，实现高质量就业的目标。

打造"工匠精神"是实现"引领性"供给的目标和归宿。"工匠精神"是精益求精的职业精神和态度，是对职业的敬畏和工作的高度负责，是对产品完美和极致的追求。培养大国工匠需要假以数年甚至终生，但是培养"工匠精神"却是高职教育可为有为之处，高职院校必须树立质量意识和品牌意识，将"工匠精神"融入人才培养目标和教学管理的全过程，以培养精益求精的工作态度和职业精神。

二、以职业教育改革推动新兴产业发展

开展经济供给侧结构性改革,是实现中国2030年达到中等发达国家目标的战略目标。而这一目标的实现,有赖于经济的跨越式发展,特别是跨越"拉美陷阱"。为此,通过对"拉美陷阱"的分析,寻找跨越"拉美陷阱"的有效途径,是职业教育的新增长点。

(一)"拉美陷阱"现象及分析

"发展风险期"是很多国家在现代化进程中难以回避的一个关键词,当一个国家的国内生产总值(GDP)处于人均1000到3000美元区间时,社会发展与经济增长激烈冲突,失业率高升、贫富悬殊、两极分化、社会动荡等各种社会结构性矛盾凸显出来,这一现象在拉美地区部分国家较为典型,被称为"拉美陷阱"。此时,经济增长与社会发展的问题与矛盾会交织在一起,社会结构深刻变动、矛盾最易激化。部分南美洲国家,从20世纪80年代开始,经济发展速度加快,到21世纪初,人均GDP达到2000美元。"拉美陷阱"的惨痛经历和教训是所有发展中国家必须面对的一个问题,甚至有部分西方学者断言中国将无法跨越这一陷阱。中国在实现现代化建设的过程中要避免"拉美陷阱",就需要坚持深入开展改革,坚持、完善并创中国特色社会主义基本制度,全面深化社会、经济改革,转变经济增长模式,方能跳出西方式"拉美陷阱",充分发挥社会主义制度的优越性,真正实现国家富强、民族复兴的伟大目标。

"拉美陷阱"既是一个经济问题,也是一个社会问题,同时是一个教育问题。从经济发展角度看,当经济发展到了一定水平,解决了温饱问题以后,民众的要求就会进一步提升,对更高水平的生活期待也更加强烈。但经济发展仍处于初级阶段,产业处于世界产业链下游甚至末端,自主创新能力严重缺乏。因此,产业升级和结构调整成为经济发展的唯一选择,但产业升级和经济结构调整是一个与社会、职业教育等因素高度关联的战略举措,失败的结果将导致发展停滞。从社会发展角度看,世界经济产业分工已经形成固有格局,发达国家通过现有的国际经济秩序和先发优势,在生产效益、资本、技术等方面有着全面的领先优势,占据着世界产业链的高端位置,攫取了大部分的经营利润,而经济结构调整和产业升级必将引发社会的动荡,对利益的重新分配影响了部分既得利益获得者,加之发达国家和地区的打压,很容易引发社会剧烈动荡,进而导致经济社会发展停滞不前。从职业教育的角度看,经济结构调整和新兴产业对职业教育提出许多新的要求,对产业人才规格和质量提出新的标准,如果没有高水平的职业教育,持续提供高质量的技术技能人才供应,经济结构的调整和新兴产业的发展将缺少推动力,经济社会发展同样会难以为继。

(二)构建产业与职业教育协同创新发展的机制

中国产业结构调整与升级,已经成为中国经济发展的核心,也是中国经济社会跨越"拉美陷阱"的必然之路。从本质上讲,《中国制造2025》就是中国产业升级的总宣言。总结发达国家的发展经验可以看出,职业教育对新兴产业的推动作用非常明显,也是供给侧改革的重要方向。王成荣等人在回顾产教结合的历史和相关研究文献基础上,从共生理论、系统理论和"产业族群"理念等角度,建立了职业教育产教依存"驱动力模型",提出了职业教育产教依存度及其测量模型,研究了职业教育产教依存机制与政策导向。❶

从职业教育与产业发展之间的决策权入手,笔者认为产业与职业教育之间的关系可以分为如下三种情况:

1. 职业教育跟随产业发展

产业发展属于经济范畴,具有其固有的发展规律,同时受科技、人才、政策等因素影响。从目前发展态势看,新兴产业的产生、发展、更新等过程,一般是超越职业教育发展进程的。职业教育的目的有二,一是为产业发展提供合格的劳动者,跟随产业共同发展,并随着产业对人才的需求而不断调整;二是通过职业教育培养适应社会的人。在跟随过程中,产业发展对职业教育具有决定作用,职业教育服从并服务于产业发展,二者并不处于平等地位。在此状态下,产业发展可能受制于技术技能人才的短缺而失败。例如,云计算、大数据、共享经济、新一代信息技术等都需要创新型技术技能人才提供支撑,如果创新型人才不足,产业则会面临发展结果的不确定性。

职业教育对产业发展的"跟随"状态,决定了职业教育与产业界之间的隔阂,双方出现信息严重不对称。处于跟随地位的职业院校,既没有直接有效的市场信息,也缺乏先进的实训设施和经验丰富的指导教师,导致职业院校在专业设置、人才培养规格、人才培养模式等决定人才培养质量的重要因素上处于盲从的地位,经常出现热门专业一哄而上,而人才培养质量却无法保证的局面。因此,在跟随状态下,办学体制机制创新与优化就成为解决信息不对称和提高人才培养质量的重要举措,"产教融合、校企合作"是这一阶段的办学体制机制创新与优化的主要途径。通过"产教融合、校企合作",学校人才培养供给侧改革有了明确的方向,教师通过企业实践获得工作经验,能够为学生提供有针对性的教育教学内容、方式、方法。

2. 职业教育协同产业发展

随着职业教育持续发展,职业院校教师水平和能力不断提升,处于产业发展的前沿位置,能够掌握产业发展的真实状况,产业界和职业院校之间信息处于平等位置。此时,企业参与学校的模式基本可以分为"学校主体""企业主体""企校一体""多元主体"四种模式。

---

❶ 王成荣. 职业教育产教依存发展研究 [M]. 北京:中国经济出版社,2014:3.

"学校主体"模式是指职业院校作为教育的主导者,主要负责教学计划的制定、教学资源的配置、教学质量的保证等,企业作为教育的合作伙伴,主要提供实习实训的场所、设备、指导等,双方在教育的目标、内容、方式等方面有一定的协商和协调,但以学校的意愿为主。这种模式的优点是可以保证职业教育的规范性和质量,强化职业院校的教育责任和主体地位,培养学生的基础知识和能力。这种模式的缺点是可能导致职业教育与产业发展的脱节,忽视企业的需求和反馈,降低学生的就业竞争力和适应性。

"企业主体"模式是指企业作为教育的主导者,主要负责教育的目标、内容、方式的确定,职业院校作为教育的服务者,主要提供教育的平台、师资、证书等,双方在教育的过程中有一定的合作和沟通,但以企业的需求为主。这种模式的优点是可以使职业教育与产业发展紧密结合,满足企业的定制化和个性化的人才需求,提高学生的就业率和满意度。这种模式的缺点是可能导致职业教育的泛化和短视,忽视职业院校的教育功能和社会责任,削弱学生的综合素质和发展潜力。

"企校一体"模式是指企业和职业院校共同参与教育的规划、实施、评估等,双方在教育的各个环节都有平等的话语权和决策权,形成教育的共同体和合作体。这种模式的优点是可以实现职业教育与产业发展的有机融合,充分发挥双方的优势和资源,平衡教育的效率和效果,培养学生的专业技能和创新能力。这种模式的缺点是需要双方有高度的信任和协作,建立有效的沟通和协调机制,解决可能出现的利益冲突和分歧。

"多元主体"模式是指除了企业和职业院校外,还有其他的社会组织、行业协会、政府部门等参与教育的过程,形成多方的合作和互动,构建教育的生态系统和网络。这种模式的优点是可以拓展职业教育的视野和范围,增加教育的多样性和灵活性,促进教育的创新和发展,培养学生的综合能力和社会责任。这种模式的缺点是需要协调多方的利益和诉求,建立复杂的协作和管理机制,提高教育的质量和标准。

3. 职业教育促进产业发展

职业教育促进产业发展是产教不断融合的结果,也是未来职业教育发展的方向。从日本的产教合作经验看,学校主要负责对未来技术、服务等发展方向的研究,为企业发展提供方向性指引,而企业通过与学校的合作明确未来发展方向。因此,未来职业教育对产业发展的引领作用主要体现在以下三个方面:

一是设立未来技术研发中心。职业教育根据对产业发展的深度把握,设立技术创新研发中心,掌握产业的核心技术,引领、创造社会需求,引领产业发展方向,并为未来的产业培育人才。

二是企业聘用职业院校技术人才。校企之间人才聘用方向可以反映出校企合作的主动方,如果校企之间人才聘用的主要形式是企业技术、管理人才成为学校的兼职教师,反映了学校是技术引入方和人才需求方;如果企业和学校之间实现了人才互聘,说明企业与学校的合作是双向共赢的;如果主要的人才合作方式是企业聘用教师作为技术人员,则说明学校开始引领产业发展。

三是共同为未来产业培育人才。企业追求利益的经济属性,决定了其更加注重培养实用并能直接形成利益的人才,但在学校引导下培养未来产业的创新型人才,是产业健康发展的核心。

三、以企业家精神培育产业领军人才

(一)职业教育新理念

职业教育是一种以培养适应社会和经济发展需要的专业技能和职业素养为目的的教育。它是人才培养的重要组成部分,也是社会进步和经济增长的重要动力。然而,传统的职业教育存在着一些问题和挑战,如课程设置过于理论化和僵化,教学方法过于单一和传统,教师队伍缺乏实践经验和更新知识,学生缺乏创新意识和主动性,就业市场和教育供给之间存在脱节和不匹配等。这些问题导致了职业教育的质量和效果不尽人意,也影响了职业教育的社会认可度和吸引力。

为了解决这些问题,提高职业教育的水平和地位,培养更多的产业领军人才,我们需要树立一种新的职业教育理念,即以企业家精神为核心的职业教育理念。所谓企业家精神,是指一种以创新为动力,以机会为导向,以价值为目标,以风险为挑战,以团队为基础,以社会责任为导向的思维方式和行为模式。它不仅是创业者的特质,也是每一个职业人士的必备素养。以企业家精神为核心的职业教育理念,就是要在职业教育的各个环节,培养和激发学生的企业家精神,使之成为职业教育的灵魂和目标。

具体而言,以企业家精神为核心的职业教育理念,主要包括以下几个方面:

在课程设置上,要突出专业技能和创新能力的结合,注重理论与实践的融合,引入跨学科和跨领域的知识,培养学生的综合素养和创新思维。同时,要根据产业发展的趋势和需求,及时更新和调整课程内容,保持课程的时效性和针对性。

在教学方法上,要采用多样化和灵活化的方式,如案例分析、项目制、模拟实训、沙盘推演、实习实践等,激发学生的学习兴趣和主动性,培养学生的问题发现和解决能力,提高学生的实践能力和应用能力。同时,要充分利用信息技术和网络平台,拓展教学资源和渠道,实现教学的开放性和互动性。

在教师队伍上,要加强教师的专业素养和创新能力的培养,鼓励教师参与产业界的合作和交流,增强教师的实践经验和更新知识,提高教师的教学水平和影响力。同时,要引进和培养一批具有企业家精神和经验的教师,让他们成为学生的导师和榜样,传授和示范企业家精神的实践和应用。

在学生培养上，要重视学生的个性化和多元化的发展，尊重和支持学生的兴趣和选择，鼓励和引导学生参与各种创新和创业的活动，培养和锻炼学生的领导力和团队协作能力，提高学生的自信心和竞争力。同时，要培养学生的社会责任感和公民意识，让他们关注社会问题和需求，用自己的专业技能和创新能力，为社会的进步和发展做出贡献。

在就业服务上，要加强与产业界的合作和对接，了解和反馈产业界的人才需求和标准，提供和推荐适合的就业岗位和机会，帮助学生实现顺利的就业和发展。同时，要支持和鼓励学生创造自己的就业和事业，提供创业的指导和服务，帮助学生实现自己的梦想和价值。

以企业家精神为核心的职业教育理念，是一种符合时代发展和产业需求的新型教育理念，它能够有效地提升职业教育的质量和效果，培养更多具有创新能力、领导力和国际视野的产业领军人才，为我国的产业转型升级和经济社会发展做出贡献。

（二）通过创新创业教育培育学生企业家精神

在"大众创业，万众创新"的理念号召下，高职院校创新创业教育如火如荼地开展起来了。"挑战杯""互联网+"等国家级创新创业竞赛已经连续举办多年，SYB(Start Your Business，创办你的企业)课程培训基本覆盖了全体高职学生。创新创业教育的核心是培养学生的企业家精神，即一种敢于创新、勇于创业、善于创造、乐于创造的精神状态，它包括创新思维、创业意志、创造能力、创造价值等方面。企业家精神是创新创业的内在动力，是创新创业的灵魂，是创新创业的品质，也是创新创业的保障。

要培养学生的企业家精神，高职院校应该从以下四个方面着手：

1. 课程设置灵活多样

课程是创新创业教育的基础，是传授创新创业知识和技能的主要途径，也是激发学生创新创业兴趣和潜能的重要手段。高校应该根据学生的专业特点和个人需求，设置不同层次、不同类型、不同形式的创新创业课程，如必修课、选修课、通识课、专业课、实践课、在线课等，涵盖创新创业的理论、方法、案例、实践等方面，形成一个完整的创新创业课程体系。高校还应该注重课程的开放性和灵活性，允许学生根据自己的兴趣和目标，自主选择和组合创新创业课程，提高学生的主动性和自主性，培养学生的创新创业能力和习惯。

2. 构建理论与实践相结合的课程体系

理论是创新创业的指导，实践是创新创业的检验，二者相辅相成，缺一不可。高校应该在课程设置中，平衡理论与实践的比例，既要让学生掌握创新创业的基本概念、原理、方法、流程等，又要让学生参与创新创业的实际操作、项目管理、风险评估、资源整合等，让学生在实践中学习，在学习中实践，提高学生的创新创业能力和效果。高校还应该利用校内外的创新创业资源，如创新创业中心、孵化器、加速器、创业园区、创业竞赛、创业导师、创业投资等,为学生提供丰富的创新创业实践平台,让学生在实践中感受创新创业的过程和乐趣,培养学生的创新创业精神和信心。

3. 强化师生社会实践

社会实践是创新创业教育的延伸,是拓展创新创业视野和思路的有效途径,也是培养创新创业素养和风险承担能力的重要途径。高校应该鼓励和支持师生参与社会实践活动,如社会调查、社会服务、社会创新、社会创业等,让师生走出校园,深入社会,了解社会需求,发现社会问题,寻找社会机遇,解决社会难题,创造社会价值,让师生在社会实践中锻炼创新创业能力,培养创新创业责任感和使命感。

4. 推行知行合一的教学方法

知行合一是创新创业教育的理念,是实现创新创业教育目标的关键,也是提高创新创业教育质量的保证。高校应该在教学过程中,注重知识与行动的结合,既要让学生知道什么是创新创业,为什么要创新创业,怎样创新创业,又要让学生做到创新创业,即将所学的知识运用到创新创业的实践中,将创新创业的理念融入学习生活中,将创新创业的成果反馈到教学评价中,形成一个知行相促的良性循环,让学生在知行合一中体验创新创业的乐趣,培养创新创业的习惯。

(三)培养新兴产业领军人才

新兴产业领军人才,是指在新兴产业领域具有创新思维、创业精神、创造能力和领导力的人才,他们能够发现和把握新兴产业的发展趋势和机遇,能够提出和实施新兴产业的创新理念和模式,能够带领和激励新兴产业的创新团队和组织,能够为新兴产业的发展做出重大的贡献和影响。新兴产业领军人才,是新兴产业的灵魂和核心,是新兴产业的引领者和推动者,是新兴产业的创造者和变革者。

培养新兴产业领军人才,需要从多个方面着手,构建一个有利于新兴产业领军人才成长和发展的生态系统,包括以下五个方面:

第一,建立新兴产业领军人才的需求预测和评价体系,及时掌握新兴产业的发展动态和人才需求,科学制定新兴产业领军人才的培养目标和标准,有效评估新兴产业领军人才的质量和水平,为新兴产业领军人才的培养提供指导和依据。

第二,构建新兴产业领军人才的培养模式和路径,根据新兴产业领军人才的特点和需求,设计和实施适合新兴产业领军人才的培养方案和计划,包括教育培训、实践锻炼、项目孵化、创业支持等,形成多元化、开放式、灵活性的培养模式和路径,为新兴产业领军人才的培养提供平台和机会。

第三,营造新兴产业领军人才的创新创业环境,优化和完善新兴产业领军人才的政策法规、制度机制、资源配置、市场准入等,激发和保护新兴产业领军人才的创新创业热情和动力,为新兴产业领军人才的创新创业提供保障和支持。

第四,打造新兴产业领军人才的交流合作网络,加强新兴产业领军人才的国内外交流合作,促进新兴产业领军人才的学习借鉴、信息共享、资源整合、协同创新等,为新兴产业领军人才的交流合作提供平台和渠道。

第五,培育新兴产业领军人才的社会责任感,引导新兴产业领军人才树立正确的价值观和世界观,关注新兴产业的社会效益和影响,关心新兴产业的可持续发展和风险防范,关爱新兴产业的利益相关者和利益受益者,为新兴产业领军人才的社会责任感提供教育和引导。

培养新兴产业领军人才,是新时代的重要任务,也是新兴产业的迫切需求。我们要以企业家精神为指导,以创新创业为核心,以人才为本,以质量为先,以效果为重,全面推进新兴产业领军人才的培养工作,为新兴产业的发展和国家的富强做出贡献。

四、以职业教育普及化助推产业升级

(一)职业教育的历史新使命

党的二十大报告在谈到职业教育时提出了四个关键词,分别是:职普融通、产教融合、科教融汇、优化职业教育类型定位。

职普融通。普通教育今后是否设职业类课程,应用型本科跟职业本科将来是不是会有很高的关联度,其中可探讨的空间很大。另外,职教高考和普通高考这两个赛道之间未来能不能架起一个桥梁?国家资历框架的构建更加必要且迫切。

产教融合。职业教育法把它作为一个基本制度提出来。党的十九大之后,《关于深化产教融合的若干意见》提出普通高校也要走产教融合、校企合作的路。总书记在十九大、二十大报告中连续两次提到产教融合,可以看出它是职教很重要的一个基本制度。企业也是办学的主体,要承担社会责任;职业学校要为技能型社会提供人才支撑,也离不开与企业的合作。

科教融汇是一个新词。即科技赋能给职业教育,或者说,数字化赋能职业教育。这意味着职业教育若要提升档次,一定要跟着科技的步伐。早些时候,教育部提出实施国家教育数字化战略行动。数字化教育、智慧教育应该是一个新的探索点。到2035年实现教育的现代化,这是一个重要的引擎。

优化职业教育类型定位。2022年颁布的职业教育法再次明确职业教育是和普通教育同等重要的教育类型。这是职业教育战线工作的一个重要的逻辑起点。要凸显职业教育的类型特色,就要探索它的不可替代特征。我国发展具有当代意义的职业教育才四十多年,其类型特征、自身规律还没有揭示到位,特色不鲜明。新时代,在追求高质量发展的同时,优化职业教育类型定位也是题中之义。

因此，职业教育在新时代承担着更加艰巨而光荣的历史使命，为实现民族复兴的历史重任而不断努力。

（二）职业教育的现状与问题

我国职业教育经过多年的发展，已经形成了较为完善的体系和规模，为国家经济社会发展和人民生活改善做出了重要贡献。截至2022年底，全国共有各类职业院校2.7万所，招生规模达到了4300万人，占高等教育和中等教育总规模的近一半。职业教育已经成为我国教育的主体，为各行各业输送了大量的专业技术人才和高素质劳动者。然而，我国职业教育也存在一些不容忽视的问题，主要表现在以下三个方面：

1. 社会地位和认可度

职业教育的社会地位和认可度不高，职业教育与普通教育的二元分化现象仍然突出，职业教育的吸引力和影响力不足，职业教育的发展还没有形成全社会的共识和合力。

2. 质量和水平

职业教育的质量和水平不高，职业教育的教学内容和方法与市场需求和技术变化的对接不够紧密，职业教育的教师队伍和教学设施的建设还有较大的差距，职业教育的评价和监督机制还不健全，职业教育的效果和效益还有待提高。

3. 体制和机制

职业教育的体制和机制不够灵活，职业教育的管理体制和运行机制还存在一定的僵化和脱节，职业教育的政策法规和标准规范还不完善，职业教育的投入和保障还不充分，职业教育的创新和改革还不深入。

这些问题制约了职业教育的发展，也影响了职业教育为产业升级和经济转型服务的能力和水平。

（三）世界职业教育普及化趋势

世界上经济发达的国家都十分重视职业教育，基本上将职业教育与职业培训联系在一起，甚至职业培训在职业院校中所占的比重更大，全民教育是职业教育的整体趋势，这种现象的产生是与职业教育本身的属性是分不开的。

以德国的双元制职业教育为例，只要企业需要新的员工，员工就可能需要职业教育，新员工与职业学校和企业同时签订合同，并成为职业学校的学生，接受职业学校的培训和教育。

法国国民教育部长让·米歇尔·布朗盖（Jean-Michel Blanquer）认为"改革职业高中的学科设置"是推动职业高中变革的关键环节。继普通高中、技术高中的改革进行到一定阶段之后，法国教育部又着手进行职业高中改革，对职业高中改革做出了进一步的规划，高中一、二年级阶段之间的"定向"（orientation）问题是改革的重中之重。法国的职业高中改革主要围绕"职业定向""学科设置"等方面开展，学生在高一年级可能会首先在"职业科系"（familles de métiers）当中做出选择，如关于销售、行政管理方向的职业等，到高二年级，会对其所要从事的具体行业进行选择，实现"职业定向"。在学科设置方面，职业高中的学科设置更加"市场化"，设置符合市场需要的专业内容。基于这一改革理念，发展"职业校园"便成了职业高中改革的另一关键环节。

在未来，职业高中学校将会与学徒培训中心（CFA）以及多个培训机构建立合作，形成一个职业教育网络，依据特定的职业行业需求，任意设置教学课程。例如，在奥新塔尼地区，餐饮业如果需要掌握制作加泰罗尼亚特色美食的厨师，那么该地区的职业培训课程就应当符合当地的就业市场需求。法国社会长期将职业高中视为是"第二选择"（second choix），而职业高中的建设也因此一直遭受着歧视和质疑。尽管法国以往几届政府都已经意识到职业教育的重要性，开始尝试对职业教育进行改革，但由于种种偏见，法国的职业高中教育依然是法国基础教育体系当中的短板。除了文化因素外，一些客观因素也深刻影响着法国职业教育的发展，使整个社会依然更加偏重于普通教育。例如，职业高中所提供的教育内容和所颁发的文凭落后于现实社会的实践发展，无法与职业市场的发展亦步亦趋。因此，要想重塑职业教育，政府必须将教育与市场结合起来，促使学校与企业展开合作，使专业人士参与到职业教育的培训当中。

现阶段中国的高等职业教育学生主要分为两种类型，一是通过特定阶段招收高中、中等职业学校毕业生成为全日制学历教育学生，是高等职业院校的办学主体；二是企业员工的继续培训与教育，被归为继续教育部分，成为学校服务社会的一种途径。进入新时代以来，高等教育已经从大众化向普及化发展，其中高等职业教育作出了巨大贡献。为适应职业教育担负的新的历史使命，促进职业教育全民化，我国需要采取以下政策：一是取消所谓的第一学历、第二学历差别化政策，强化对非全日制教育的质量监督，实现非全日制学历与全日制学历实质等效，以法律形式保证两种学历证书功效相同，提高继续教育的社会认可度；二是为继续教育提供更多政策、资金、制度保证，扶持职业教育拓展继续教育功能；三是营造重能力不重学历的社会氛围，为全民继续教育创设环境，为终身教育提供社会支持，在构建覆盖本科、高职、中职三个层面的现代职业教育体系，同时要防止职业教育学历化，防止将提升学历作为办学的主要目标；四是全面放开职业院校招生限制，在保证质量的前提下，实现职业教育与培训工作全年化、日常化，赋予学生转专业和学新专业的权利。

第二节　产业供给侧改革对职业教育发展的驱动机制的创新

职业教育通过人才与技术两个方面服务于经济社会发展,与经济发展具有天然紧密的联系,职业教育培养的人才、开发的技术要服务于国家经济供给侧结构性改革,尽早适应"三去一降一补"的政策要求,使职业教育培养的人才能为经济结构转型发展提供坚实支援。

一、以产业结构优化引导职业教育专业结构调整

产业结构通常用各产业部门产值占国民生产总值的比例来表示,即国民经济中第一产业、第二产业、第三产业之间的构成以及比例关系。

产业结构的优化是指产业结构不断向高度化和合理化的方向发展。高度化是指产业结构水平由低向高的演进,合理化是指产业与产业之间协调能力的加强和关联水平的提高。产业结构的高度化状况可以采用附加值衡量法、技术集约程度衡量法、第三次产业比重衡量法进行分析判断;产业结构的合理化,主要用"市场供求判断法"进行分析判断,即各产业及产业内部的生产供应是否能满足市场各种消费的需求,如果供给能满足需求的要求,产业结构是合理的,否则就是不合理的。

石人炳的研究结果表明,产业结构决定着高职教育的专业结构,而专业结构调整能够促进产业结构提升与优化。❶

(一)产业结构决定高职教育专业结构

随着产业结构高级化进程的加快,以往的技术结构和就业结构必然发生改变。在产业结构转变过程中,对人才的素质和技能的要求不断提高。同时,多层次的专业结构也影响并带动着科技、管理、实践人才成长。高职教育作为培养高素质技术技能型人才的专门机构,其培养人才的结构、规格、规模等都必须与产业结构相吻合,才能有效地为国民经济培养和输送数量、质量、结构和层次相当的各类专门技术、技能人才,促进社会经济快速发展。因此,有什么样的产业结构,就应该有与之相适应的高职专业结构。

---

❶ 石人炳. 人口变动对教育的影响 [M]. 北京:中国经济出版社,2005:18.

中华人民共和国成立之初，国民经济中第一产业——农业占据着最大比重，为实现农业现代化，我国先后建立了世界上最大的农业教育系统，包括高等农业院校、农业大专院校、农业中专学校。但随着产业结构的优化升级，国民经济中的农业比重逐步下降，这就必然要求高等教育适时缩减农业类院校的比例，及时对以农业为主的科类结构、专业结构和人才培养模式做出调整，及时根据产业结构的变动，构建满足需要的高等教育学科专业结构，为国民经济各部门的发展输送质量合格、数量及层次、种类相当的劳动力。进入20世纪90年代以后，随着第二产业、第三产业产值比重逐步提高，我国的高等教育也进行了新一轮的院系调整，大量的农科院校被合并撤销，农科类专业大幅减少。与此同时，绿色农产品及节水农业的发展，又对农业类专业提出了新的要求，高职专业结构也根据产业结构的变化及时进行了相应的调整。

（二）专业结构优化促进产业结构升级

高职教育专业结构直接决定人才供应结构，并通过人才贡献作用于经济结构。人才供应保持一定的结构比例有利于现代化大生产。高职院校专业结构制约着人才的工种和岗位类型的形成，专业结构失调会直接影响人才的专业和岗位的对口。产业结构的变化由社会发展所决定，但发展过程与人才的类型和水平密切相关，人才结构是产业结构的提升和优化的关键要素。人才素质的提高只能通过发展教育，调整学校专业结构来实现，合理的专业结构可以为适应产业结构转变提供技术支持和智力保障。

高等职业教育与区域经济发展有着直接、紧密的联系，服务区域经济发展是职业教育基本职责和职能。现代职业教育在发展中仍然存在着瓶颈，主要表现在高等教育人才培养与市场需求出现结构性失衡。一方面，社会对高素质技术技能型人才的需求规模不断扩大，另一方面，部分高校毕业生就业问题日益突出。大学生就业难与企业招工难"双重压力"并存，反映出我国高等职业教育同质化现象严重，人才培养结构不合理的问题。调整高等职业教育人才培养结构，实现职业院校人才多样化发展，提高人才培养结构与市场需求匹配度，成为当务之急。国务院2019年1月发布的《国家职业教育改革实施方案》，为高等职业教育结构调整指明了方向：职业教育层次提升，地方新建本科院校向应用型转型，建立国家职业教育标准，弥补高素质技术技能型人才培养的短板。为了适应经济转型发展，满足区域经济发展对技术技能人才的需求，职业院校需要做到以下六点：

第一，职业院校要树立服务地方经济社会发展的宗旨，明确三个方面的定位。一是职业院校要定位为培养和输送适应地方经济产业结构优化的技术技能人才的基地。这就要求职业院校要密切关注和分析地方经济产业结构的变化趋势和需求特点，及时调整和优化人才培养的目标和规模，培养和输送符合地方经济发展需要的高素质、高技能、高效率的人才。二是职业院校要定位为促进地方经济社会发展的参与者和推动者。这就要求职业院校要积极参与和服务地方经济社会发展的各个领域和环节,利用自身的教学、科研、社会服务等优势,为地方经济产业结构的优化提供智力支持、技术支持、人才支持等。三是职业院校要定位为促进地方经济社会发展的受益者和反馈者。这就要求职业院校要充分利用和享受地方经济社会发展带来的各种机遇和资源,不断提高自身的办学水平和质量,同时,也要不断反馈和评估自身的办学效果和社会效益,为地方经济社会发展提供有价值的参考和建议。

第二,职业院校要面向行业产业设置学科专业。学科专业是职业院校培养人才的基本单元和载体,是职业院校与经济产业结构对接的重要环节。职业院校要根据地方经济产业结构的优化方向和重点,科学合理地设置和调整学科专业,以适应不同行业产业的人才需求。具体来说,职业院校要做到以下四点:一是要坚持以市场需求为导向,以就业为导向,以服务为导向,以质量为导向,以创新为导向,设置和调整学科专业。二是要注重学科专业的前瞻性、战略性、综合性、实用性、特色性,设置和调整学科专业。三是要注重学科专业的层次性、多样性、灵活性、开放性,设置和调整学科专业。四是要注重学科专业的协调性、互动性、协同性、共赢性,设置和调整学科专业。

第三,职业院校要突出实践能力培养的教学体系。实践能力是职业教育的核心和灵魂,是职业院校培养人才的关键和难点,是职业院校与经济产业结构对接的重要保障。职业院校要根据地方经济产业结构的优化要求,构建和完善以实践能力培养为核心的教学体系,以提高学生的实践能力和就业能力。具体来说,职业院校要做到以下四点:一是要坚持以能力为本位,以素质为目标,以过程为重点,以结果为评价,以改革为动力,构建和完善教学体系。二是要注重教学内容的实践性、针对性、适应性、创新性,构建和完善教学体系。三是要注重教学方法的实践化、情境化、项目化、问题化,构建和完善教学体系。四是要注重教学环境的实践性、开放性、多元性、协作性,构建和完善教学体系。

第四,职业院校要产学研合作的人才培养模式。产学研合作是指职业院校与企业、行业、科研机构等进行的各种形式的合作,是职业院校培养人才的有效途径和重要手段,是职业院校与经济产业结构对接的重要桥梁和纽带。职业院职业院校要建立产学研合作的人才培养模式,以提高人才培养的质量和效率。具体来说,职业院校要做到以下四点:一是要坚持需求导向,以企业、行业、科研机构等为合作对象,以人才培养为合作内容,以共同利益为合作动力,建立产学研合作的人才培养模式。二是要注重合作的广泛性、深入性、持续性、创新性,建立产学研合作的人才培养模式。三是要注重合作的机制化、规范化、制度化、法制化,建立产学研合作的人才培养模式。四是要注重合作的效果评估、反馈、改进、提升,建立产学研合作的人才培养模式。

第五,职业院校要"双师"素质的师资队伍。教师不仅需要具备基本的理论业务知识和教学科研能力,还要具备相关职业资格证书和丰富的实践工作经验,具备从事理论教学和实践教学的双重能力。职业院校可以从企业中聘请优秀的高级技术人员担任专职或兼职教师,也要重视在职教师的实践能力培训。

第六,职业院校要提升科研工作的应用性。职业教育需要科研,但不以理论研究和基础研究为重点,而以应用研究和开发研究为主,直接服务于地方经济文化建设,服务于行业企业的技术更新与改造,服务于应用型人才的培养。

(三)开发第三产业职业教育专业

在经济产业结构的优化过程中,第三产业,也就是服务业,是一个重要的方面。第三产业,是指除了第一产业(农业)和第二产业(工业)之外的其他产业,主要包括交通运输、仓储、邮政、信息、金融、保险、房地产、商业、餐饮、旅游、教育、卫生、文化、体育、娱乐等。第三产业的特点,是以服务为主要内容,以知识、技能、信息、创新为主要要素,以满足人们的精神和物质需求为主要目标。第三产业的作用,是促进经济增长、提高经济效益、增加就业岗位、改善民生水平、丰富社会文化、推动社会进步。

在当前的经济形势下,第三产业的发展具有重要的意义和潜力。一方面,随着人们收入水平的提高,对于高品质、高附加值、高层次的服务的需求也在增加,这为第三产业的发展提供了广阔的市场空间。另一方面,随着科技的进步,尤其是信息技术的发展,为第三产业的创新和提升提供了强大的支撑,使得第三产业的范围和形式不断地扩展和多样化。因此,第三产业的发展,是经济产业结构优化的重要方向和动力。

为了适应第三产业的发展,职业教育需要开发和完善第三产业的职业教育专业,以培养适应第三产业的专业技术人才和高素质劳动者。开发第三产业的职业教育专业,需要遵循以下的原则和策略:

(1)以市场需求为导向,充分调查和分析第三产业的发展趋势、就业岗位、职业技能、人才需求等,确定第三产业的职业教育专业的设置和规模,避免盲目跟风和重复建设,实现专业的动态调整和优化。

(2)以职业技能为核心,突出第三产业的职业教育专业的特色和优势,注重理论与实践的结合,强化实践教学和实习实训,提高学生的职业技能水平和就业竞争力。

(3)以创新能力为目标,培养第三产业的职业教育专业的学生的创新意识和创新能力,加强对知识、技能、信息、创新等方面的教育和训练,激发学生的创新潜能和创新活力。

(4)以质量保证为基础,建立和完善第三产业的职业教育专业的质量保证体系,制定和执行严格的教学标准和评价指标,加强对教师、教材、教学、教学设施、教学管理等方面的监督和评估,提高第三产业的职业教育专业的教学质量和水平。

二、以产品有效供给改革技术技能人才培养方式

（一）淘汰过剩产能

1. 世界产能过剩状况

20世纪90年代末期到21世纪前10年，全球经济高度繁荣，生产力快速发展，生产关系不适合生产力的发展，导致需求增长跟不上产能增长，全球产能严重过剩。2008年金融危机爆发后，产能过剩问题逐步显现，已成为制约全球经济可持续发展的最大问题。此后，由于世界各国普遍采取了量化宽松的经济刺激政策，但经济复苏并不平衡。目前全球煤炭、天然气、石油、铁矿石、钢铁、铝、家电、汽车、玻璃、水泥、船舶等产业均严重过剩，而且部分产品产能仍在增长。全球能源总体过剩8%～14%，电解铝过剩15%～20%，钢铁过剩18%～24%，铁矿石过剩12%～18%。根据经济合作与发展组织（OECD）钢铁委员会的报告，2007年钢铁行业产能利用率在85%左右，国际金融危机爆发之后，钢铁行业的产能利用率一直低于80%，甚至低于70%。近两年产能利用率虽然有所改善，但2017年的产能利用率尚不足75%。

2. 中国产能过剩状况

国务院发展研究中心在《当前中国产能过剩问题分析——政策、理论、案例》中分析了中国存在着的五个方面的产能过剩程度及特点。

（1）钢铁行业产能整体过剩，呈现结构性差异和周期性特征。首先，钢铁行业面临较严重的产能过剩压力。将国家统计局数据与工信部、国家发展改革委和中钢协等单位对我国钢铁产能进行大范围摸底的情况相结合，我国钢铁行业2022年产能利用率为72%，明显低于正常水平。中国钢铁工业协会公布的数据显示，2022年重点大中型钢企实现利润982亿元，同比下降72.3%；国内钢材价格指数平均值为123.4点，同比下跌13.8%，说明钢铁市场结构处于供大于求阶段，市场竞争较为激烈。其次，钢铁产能过剩呈现结构性差异和周期性特征。用于汽车、白色家电等消费行业生产以及管道等基础设施建设的现有产能不足，例如冷轧钢板、管线钢、家电板等；长板材等存在同质化恶性竞争，主要供应装备制造业的中板市场需求低迷，造船等工业用钢部分过剩；少数高端产品依赖进口，例如汽车用高品质冷轧板等。同时，钢铁市场存在明显的周期性特征，一是人的经济周期影响钢铁市场；二是分析全年情况，当下游市场出现好转，钢铁产量和产品价格也会相应增长。最后，企业对产能过剩问题的认识不尽相同。河北、辽宁、北京、上海30余家钢企中，所有企业都认为，目前面临的最大问题是利润下滑。但利润下滑的原因主要是由供需关系、铁矿石定价机制和财务费用等多重因素造成的，并非由产能过剩单一因素导致。调研企业对是否存在钢铁产能过剩的看法并不一致。个别企业认为目前产能过剩的程度"非常严重"；也有些企业认为"并不严重"；还有一些企业认为"不存在产能过剩"，原因是企业的产量仍在增长，产能

利用率超过80%，产销率在96%以上。

（2）水泥行业产能全方位、严重过剩。根据中国建筑材料联合会的数据，2022年，全国水泥产量为21.3亿吨，同比下降10.5%。此外，受到需求下滑、竞争加剧的影响，全年水泥市场价格走势颓势尽显，加之原燃材料价格"飙升"，企业生产成本大幅上涨，全年水泥行业利润仅为680亿元左右，同比下降约60%，产能利用率降至50%以下。产能利用率比较集中地反映了全国的整体平均水平和一些水泥大省（如安徽、浙江、江苏）的实际情况，如具体到不同的区域，不少省份的实际产能利用率低于50%。因此，与国际上一般认为产能利用率低至75%就存在过剩的标准比较，我国水泥行业产能过剩严重。

（3）电解铝行业产能过剩较为严重。根据工信部原材料工业司的统计，电解铝产量稳步提升，受能耗双控及限电限产影响，2021年，我国电解铝产量小幅增长，产量3850万吨，同比增长4.8%。2022年，我国电解铝产量为4021万吨，同比增长4.5%，产能利用率仅为71.9%。在产能过剩、需求不足的情况下，铝价明显下降，行业和企业利润大幅缩水。在主要冶炼品种中，铝冶炼利润降幅最大，同比下降92.7%，全年仅实现利润9.3亿元。以我们重点调研的河南省为例，规模以上企业的铝冶炼（包括氧化铝和电解铝）亏损33.9亿元。有色行业和炼铝行业平均利润率数据也反映了产能过剩的严重程度。2022年，整个有色金属行业中冶炼和压延加工业利润率仅为2.23%。而且，我国电解铝行业的产能仍然在快速增加。

（4）平板玻璃行业存在一定程度的产能过剩。根据行业协会的数据，2022年，平板玻璃产能利用率为73.1%，平板玻璃产量从8.0亿重量箱增长至9.5亿重量箱，浮法玻璃销量从5.9亿重量箱增长至6.1亿重量箱，产能利用率将会进一步下降。由此可见，平板玻璃行业存在比较严重的产能过剩问题。但我们在调查中也发现，由于平板玻璃生产的高度连续性，造成每年产能中一般都有10%～15%的生产线处于冷修或维修中。因此，实际产能有一定的缩减，而需求基本稳定，实际产能利用率应会有所提高。

（5）船舶行业产能严重过剩，呈现周期性、结构性特征。首先，船舶行业的产能过剩是全球性的。除液化天然气船等专用船以外，船舶装载量供给严重过剩。目前，世界船舶行业的产能约2.2亿载重吨，而我国约为8010万，如果包括三年以上没有产出的产能以及转至海工和修船等领域的产能，总体产能约1.2亿。显而易见，无论全球还是中国，实际产能远远大于市场需求。其次，我国船舶产能过剩在全球最为严重。目前，我国造船产能利用率为75%，如果按照全口径的产能，则低至50%～55%。在船市低迷的环境下，船企开工普遍不足。调研中发现，当前各地区船企都存在1/3骨干企业生产经营正常，1/3企业任务不足，1/3企业生产难以为继的状况。即便是运营相对良好的大型国有企业，主要设备利用率也不到50%。最后，我国船舶工业结构性过剩矛盾显得突出。船舶行业也存在产能高端不足、低端过剩的结构性过剩问题；全国各省份的产能利用率近年来均出现不同程度下降，长三角地区产能过剩相对更加严重。此外，竞争力不强的民营企业产能过剩问题突出，但国有企业集中的上海造船业相对较好。

3. 解决产能过剩对策

(1)调整产业结构,优化产品结构,提高产品质量和附加值。通过加强科技创新,推动产业升级,培育新的增长点,提高产品的竞争力和市场占有率,减少低端、低效、低质的产品的产量,增加高端、高效、高质的产品的产量,从而缓解产能过剩的压力。

(2)加强市场监管,规范市场秩序,消除不公平竞争。通过加强法律法规的制定和执行,打击违法违规的行为,如倾销、垄断、补贴、逃税等,维护市场的公平性和正常性,避免恶性竞争,提高市场的效率和效益。

(3)实施差别化的政策,因地制宜,因行制宜,因企制宜。通过分析不同地区、不同行业、不同企业的产能过剩的原因和程度,制定相应的政策措施,如限制新增产能、关闭落后产能、鼓励兼并重组、支持转型升级等,实现产能的优化配置和合理利用。

(4)加强国际合作,拓展国际市场,促进国际贸易。通过参与国际组织和机制,积极推动国际规则的制定和完善,维护多边贸易体制,反对贸易保护主义,降低贸易壁垒,增加贸易便利化,扩大出口,增加外汇收入,同时,加大进口,引进先进的技术、设备、管理等,提高国内产业的水平和竞争力。

(二)扩大有效供给

改革开放以来,我国社会生产力快速提升,GDP实现了连续多年的高速增长,创造了世界经济奇迹。与此同时,由于中国产品和服务处于世界产业链分工的下游,存在着高投入、高产出、高污染、高能耗等问题,对环境和资源造成了极大压力,经济和社会无法持续发展,是一种无效供给和低效供给。

1. 有效供给概述

有效供给,是指能够满足市场需求,提高社会福利,促进经济增长的供给。有效供给的核心是提高供给质量,即提高产品的质量、品种、效率、安全、环保等方面的水平,从而增强产品的竞争力和附加值。有效供给的重要条件是技术创新,即通过不断的研发、引进、消化、吸收、创新,形成具有自主知识产权的核心技术,推动产品的升级换代,满足消费者的多样化、个性化、高品质的需求。技术创新的关键因素是技术技能人才,即具有专业知识、技能、创造力、创新精神的人才,他们是技术创新的主体和推动者,是有效供给的源泉和保障。

当前,我国正处于经济转型升级的关键时期,面临着供需结构的深刻变化,供给侧的矛盾和问题日益突出,有效供给的需求和压力不断增大。为了适应这一形势,我国提出了以提高供给体系质量为主线,推进供给侧结构性改革的战略部署,旨在通过优化供给结构,提高供给效率,增强供给适应性,实现供需动态平衡,促进经济高质量发展。在这一过程中,技术技能人才的培养方式,作为影响有效供给的重要因素,也需要进行相应的改革和创新,以适应新的需求和挑战。

2. 有效供给不足的成因分析

有效供给不足是指有效供给低于市场需求,导致供需失衡,物价上涨,经济增长放缓或停滞。有效供给不足的成因主要可以归结为供给主体的制约,产品供给的制约,要素供给的制约三个方面。

(1)供给主体的制约

供给主体是指在市场上提供商品和服务的个人,企业,组织或机构,它们的行为受到自身的能力,意愿,目标,风险偏好,成本收益等因素的影响。供给主体的制约是指这些因素限制了供给主体的供给能力或供给动力,从而导致有效供给不足。例如:

供给主体的能力制约。供给主体的能力是指它们提供商品和服务的技术水平,管理水平,创新能力,资金实力,人力资源等。如果供给主体的能力不足,那么它们就无法提供足够多或足够好的商品和服务,或者提供的成本过高,从而降低了有效供给。例如,一些落后的企业或地区,由于技术水平低,管理水平差,创新能力弱,资金实力弱,人力资源匮乏等,就无法提高生产效率,提升产品质量,开发新产品,适应市场变化,从而造成有效供给不足。

供给主体的意愿制约。供给主体的意愿是指它们提供商品和服务的动机,目的,期望,信心等。如果供给主体的意愿不足,那么它们就缺乏提供商品和服务的积极性,或者提供的数量和质量不符合市场需求,从而降低了有效供给。例如,一些供给主体,由于缺乏竞争力,缺乏信心,缺乏创业精神,缺乏社会责任感等,就不愿意扩大生产规模,提高产品质量,开拓新市场,满足消费者需求,从而造成有效供给不足。

供给主体的目标制约。供给主体的目标是指它们提供商品和服务的理想,愿景,价值观,利益诉求等。如果供给主体的目标不一致,那么它们就会出现利益冲突,博弈,对抗,或者牺牲公共利益,从而降低了有效供给。例如,一些供给主体,由于追求短期利益,忽视长期利益,或者追求私利,损害公利,或者追求个人利益,忽视集体利益,或者追求部门利益,忽视国家利益等,就会导致资源浪费,环境污染,社会不公,国家安全等问题,从而造成有效供给不足。

(2)产品供给的制约

产品供给是指在市场上能够提供的商品和服务的种类、数量、质量、价格、分布等,它决定了一个国家或地区的消费水平和生活质量。产品供给的制约是指这些因素限制了产品供给的多样性、充足性、优质性、合理性、均衡性等,从而导致有效供给不足。例如:

产品供给的多样性制约。产品供给的多样性是指在市场上能够提供的商品和服务的种类、品牌、规格、功能、特色等。如果产品供给的多样性不足,那么就无法满足消费者的不同需求、不同喜好、不同习惯、不同文化等,从而降低了有效供给。例如,一些单一的产品或服务,由于缺乏创新、差异化、个性化、多元化等,就无法适应市场的多变性、竞争性、复杂性、多样性等,从而造成有效供给不足。

产品供给的充足性制约。产品供给的充足性是指在市场上能够提供的商品和服务的数量、库存、供应量、供应速度等。如果产品供给的充足性不足,那么就无法满足消费者的增长需求、紧急需求、突发需求、季节需求等,从而降低了有效供给。例如,一些稀缺的产品或服务,由于产量低、库存少、供应不稳、供应不及时等,就无法保证市场的充分供应、平稳运行、有效调节、及时反应等,从而造成有效供给不足。

产品供给的优质性制约。产品供给的优质性是指在市场上能够提供的商品和服务的质量、性能、安全、可靠、耐用等。如果产品供给的优质性不足,那么就无法满足消费者的高品质需求、高效率需求、高安全需求、高信任需求、高满意需求等,从而降低了有效供给。例如,一些劣质的产品或服务,由于质量差、性能差、安全差、可靠差、耐用差等,就无法保证消费者的健康、舒适、便利、信心、快乐等,从而造成有效供给不足。

产品供给的合理性制约。产品供给的合理性是指在市场上能够提供的商品和服务的价格、成本、利润、效益、公平等。如果产品供给的合理性不足,那么就无法满足消费者的合理需求、合理预期、合理权益、合理分配、合理消费等,从而降低了有效供给。例如,一些不合理的产品或服务,由于价格高、成本高、利润高、效益低、公平差等,就无法保证消费者的购买力、消费水平、消费结构、消费效果、消费幸福等,从而造成产品供给的均衡性制约。

产品供给的均衡性制约。产品供给的均衡性是指在市场上能够提供的商品和服务的分布、流通、交易、协调、平衡等。如果产品供给的均衡性不足,那么就无法满足消费者的区域需求、时间需求、空间需求、信息需求、协作需求等,从而降低了有效供给。例如,一些不均衡的产品或服务,由于分布不均、流通不畅、交易不顺、协调不力、平衡不稳等,就无法保证市场的有效连接、有效运转、有效配置、有效监管、有效优化等,从而造成有效供给不足。

(3)要素供给的制约

要素供给是指在市场上能够提供的生产要素的数量、质量、结构、配置、效率等,它决定了一个国家或地区的生产条件和生产水平。要素供给的制约是指这些因素限制了要素供给的充裕性、优化性、协同性、灵活性、创新性等,从而导致有效供给不足。例如:

要素供给的充裕性制约。要素供给的充裕性是指在市场上能够提供的生产要素的数量、储备、储量、增长率、增长潜力等。如果要素供给的充裕性不足,那么就无法满足生产的规模需求、扩张需求、升级需求、转型需求、发展需求等,从而降低了有效供给。例如,一些稀缺的生产要素,如土地、能源、资源、环境、人口等,由于数量少、储备少、储量少、增长率低、增长潜力低等，就无法支撑生产的持续发展，从而造成有效供给不足。

要素供给的优化性制约。要素供给的优化性是指在市场上能够提供的生产要素的质量、结构、比例、组合、匹配等。如果要素供给的优化性不足，那么就无法满足生产的效率需求、质量需求、结构需求、组合需求、匹配需求等，从而降低了有效供给。例如，一些不优化的生产要素，如低端、落后、过剩、不协调、不匹配等，由于质量差、结构差、比例差、组合差、匹配差等，就无法提高生产的效率和质量，从而造成有效供给不足。

要素供给的协同性制约。要素供给的协同性是指在市场上能够提供的生产要素的协作、协调、协同、协议、协商等。如果要素供给的协同性不足，那么就无法满足生产的协作需求、协调需求、协同需求、协议需求、协商需求等，从而降低了有效供给。例如，一些不协同的生产要素，如竞争、冲突、对抗、矛盾、隔阂等，由于协作差、协调差、协同差、协议差、协商差等，就无法实现生产的协同效应，从而造成有效供给不足。

要素供给的灵活性制约。要素供给的灵活性是指在市场上能够提供的生产要素的流动、转换、调整、适应、变革等。如果要素供给的灵活性不足，那么就无法满足生产的流动需求、转换需求、调整需求、适应需求、变革需求等，从而降低了有效供给。例如，一些不灵活的生产要素，如固定、僵化、难变、难调、难适应等，由于流动差、转换差、调整差、适应差、变革差等，就无法应对生产的变化和挑战，从而造成有效供给不足。

3. 扩大有效供给的措施

从现阶段经济发展趋势看，扩大有效供给需要从提升产品供给质量和提高要素供给质量两个方面入手，适应国民消费水平提升的现状，建立高质量供给体系。

（1）提升产品供给质量。加强技术技能人才的教育和培训，提高产品供给的技术水平。通过改革教育体制和课程设置，加强对技术技能人才的基础知识和专业技能的教育，提高技术技能人才的理论素养和实践能力。通过加强企业和院校的合作，加强对技术技能人才的实习和就业的指导，提高技术技能人才的应用能力和创新能力。通过加强技术技能人才的继续教育和职业发展，加强对技术技能人才的更新和提升，提高技术技能人才的适应能力和竞争能力。

加强技术技能人才的激励和保障，提高产品供给的质量水平。通过改革薪酬制度和评价机制，加强对技术技能人才的物质和精神的激励，提高技术技能人才的工作积极性和效率。通过改革社会保障制度和职业保障机制，加强对技术技能人才的生活和职业的保障，提高技术技能人才的工作安全感和稳定性。通过改革荣誉制度和文化建设，加强对技术技能人才的尊重和认可，提高技术技能人才的工作自豪感和归属感。

加强技术技能人才的组织和协作，提高产品供给的协同水平。通过改革组织结构和管理模式，加强对技术技能人才的团队和网络的构建，提高技术技能人才的沟通和协作能力。通过改革决策制度和参与机制，加强对技术技能人才的意见和建议的征集，提高技术技能人才的参与和贡献能力。通过改革监督制度和问责机制,加强对技术技能人才的责任和义务的明确,提高技术技能人才的执行和效果能力。

(2)破除要素供给约束,提高要素供给的质量。破除能源供给的约束,提高能源供给的质量。通过改革能源体制和政策,加强对能源的开发和利用的规划和指导,提高能源的供给效率和安全性。通过改革能源结构和技术,加强对能源的多元化和清洁化的推进和支持,提高能源的供给结构和质量。通过改革能源价格和税收,加强对能源的节约和环保的激励和约束,提高能源的供给效益和可持续性。

破除原材料供给的约束,提高原材料供给的质量。通过改革原材料体制和政策,加强对原材料的生产和流通的规范和监管,提高原材料的供给稳定性和公平性。通过改革原材破除原材料供给的约束,提高原材料供给的质量。通过改革原材料体制和政策,加强对原材料的生产和流通的规范和监管,提高原材料的供给稳定性和公平性。通过改革原材料结构和技术,加强对原材料的循环利用和替代的研发和推广,提高原材料的供给结构和质量。通过改革原材料价格和税收,加强对原材料的节约和保护的激励和约束,提高原材料的供给效益和可持续性。

破除环境供给的约束,提高环境供给的质量。通过改革环境体制和政策,加强对环境的治理和修复的投入和支持,提高环境的供给能力和恢复力。通过改革环境标准和技术,加强对环境的监测和评估的完善和提升,提高环境的供给标准和质量。通过改革环境价格和税收,加强对环境的利用和保护的激励和约束,提高环境的供给效益和可持续性。

通过改革技术技能人才的培养方式,扩大有效供给,实现供需平衡,促进经济发展,主要包括以下三个方面:

①扩大高端产品的有效供给,满足消费者的高品质需求,提升消费的质量和效率。通过改革技术技能人才的培养方式,加强对高端产品的研发和创新,提高高端产品的技术含量和附加值,满足消费者的多样化、个性化、高品质的需求,提升消费的质量和效率。通过改革技术技能人才的培养方式,加强对高端产品的品牌和特色的打造,提高高端产品的市场认知度和影响力,满足消费者的审美和情感的需求,提升消费的质量和效率。

②扩大绿色产品的有效供给,满足消费者的绿色需求,提升消费的效益和可持续性。通过改革技术技能人才的培养方式,加强对绿色产品的生产和推广,提高绿色产品的环境友好度和资源节约度,满足消费者的绿色、健康、安全的需求,提升消费的效益和可持续性。通过改革技术技能人才的培养方式,加强对绿色产品的认证和标识,提高绿色产品的市场信任度和透明度,满足消费者的知情和选择的需求,提升消费的效益和可持续性。

③扩大智能产品的有效供给,满足消费者的智能需求,提升消费的便利性和智慧性。通过改革技术技能人才的培养方式,加强对智能产品的设计和应用,提高智能产品的功能性和互动性,满足消费者的智能、便捷、个性的需求,提升消费的便利性和智慧性。通过改

革技术技能人才的培养方式,加强对智能产品的连接和整合,提高智能产品的兼容性和协同性,满足消费者的联网和共享的需求,提升消费的便利性和智慧性。

以产品有效供给改革技术技能人才培养方式,是一项符合时代要求和经济规律的战略,旨在通过改革技术技能人才的培养方式,提升产品供给的质量,破除要素供给的约束,提高要素供给的质量,从而扩大有效供给,实现供需的动态平衡,促进经济的高质量发展。这一战略的实施,需要各方面的共同努力和配合,包括政府、企业、院校、社会等,形成一个良好的制度环境和创新氛围,为我国的经济发展提供强大的动力和支撑。

(三)产教融合培养适应有效供给改革的高技能人才

培养适应供给侧改革的技术技能人才,有效途径是产业与教育的融合,因此需要从产业分析入手确定人才培养目标,根据能力素质要求改革职业院校教学,提升学生的技术技能水平。产教融合是一种有效的人才培养方式,是指教育机构和企业之间进行深度合作,实现教育资源和产业资源的共享,教育内容和产业需求的对接,教育过程和产业实践的融合,教育成果和产业效益的共赢的一种模式。产教融合可以有效地解决传统教育方式存在的问题,如教育与社会需求脱节、教育与就业难以对接、教育与实践缺乏互动等,提高教育的质量和效率,促进教育的创新和发展。

产教融合培养适应产品有效供给改革的高技能人才,具有以下三个方面的优势:

一是可以提高人才培养的针对性和适应性。通过产教融合,教育机构可以及时了解企业的技术需求和人才需求,调整教育目标和教育内容,使之与市场需求保持一致。同时,企业可以参与教育的规划、设计、实施和评价,提供技术指导、实习实训、就业推荐等服务,使教育更加贴近实际,更加符合企业的要求。这样,人才培养的针对性和适应性就可以得到提高,人才的就业率和就业质量也可以得到提升。

二是可以提高人才培养的质量和水平。通过产教融合,教育机构可以利用企业的技术资源和设备资源,拓展教育的空间和手段,丰富教育的形式和方法,提高教育的效果和效率。同时,企业可以利用教育机构的师资资源和理论资源,提高企业的技术水平和创新能力,增强企业的核心竞争力。这样,人才培养的质量和水平就可以得到提高,人才的专业技能和创新能力也可以得到提升。

三是可以提高人才培养的创新性和前瞻性。通过产教融合,教育机构可以与企业共同开展技术研发和技术转化,推动教育的创新和发展,培养具有创新精神和创新能力的人才。同时,企业可以与教育机构共同探索新技术和新市场,推动产业的创新和发展,培养具有前瞻性和战略性的人才。这样,人才培养的创新性和前瞻性就可以得到提高,人才的创新意识和创新素养也可以得到提升。

三、推进实业与职业教育有效结合

经济供给侧改革的目标主要是防范和化解系统性金融风险,振兴实体经济,为国民经济的持续健康发展奠定坚实基础。经济转型和产业升级,需要培育全社会的"工匠精神"。职业教育作为技术技能人才培养的主要途径,强化"工匠精神"培养,也是供给侧改革的重要内容。当今社会各阶层和行业弥漫着浮躁的氛围,追求"短、平、快",从产品设计到生产,容易忽略品质,导致了山寨、抄袭和粗制滥造情况猖獗。国务院2019年1月24日发布的《国家职业教育改革实施方案》提出"把发展高等职业教育作为优化高等教育结构和培养大国工匠、能工巧匠的重要方式",因此职业院校要更加注重培养学生的"工匠精神",使其在今后的工作中不断改进和完善产品,通过高标准的要求,赢得用户和市场。

(一)"工匠精神"的内涵

"工匠精神"是一种对工作的热爱和追求,是一种对技艺的专注和精进,是一种对质量的坚持和责任,是一种对创新的探索和突破。工匠精神不仅体现在传统的手工艺和制造业中,也体现在现代的科技和服务业中,甚至体现在文化和艺术领域中。工匠精神是一种普遍的价值观和职业态度,也是一种对社会的贡献和对自我的实现。

工匠精神的内涵可以从以下四个方面来理解:

1. 热爱工作

工匠精神要求对自己从事的工作有一种深厚的兴趣和热情,把工作当作一种乐趣和享受,而不是一种负担和苦役。工匠精神要求对自己的工作有一种自豪和荣誉,把工作当作一种使命和责任,而不是一种应付和敷衍。

2. 专注技艺

工匠精神要求对自己的技艺有一种专注和投入,把技艺当作一种追求和目标,而不是一种工具和手段。工匠精神要求对自己的技艺有一种精进和提升,把技艺当作一种学习和成长,而不是一种停滞和满足。

3. 坚持质量

工匠精神要求对自己的质量有一种坚持和要求,把质量当作一种标准和准则,而不是一种妥协和让步。工匠精神要求对自己的质量有一种责任和担当,把质量当作一种承诺和信誉,而不是一种随意和敷衍。

4. 探索创新

工匠精神要求对自己的创新有一种探索和突破,把创新当作一种挑战和机遇,而不是一种困难和风险。工匠精神要求对自己的创新有一种勇气和智慧,把创新当作一种变革和进步,而不是一种模仿和跟随。

(二)职业教育需要"工匠精神"

职业教育需要"工匠精神",因为"工匠精神"是职业教育的目标和动力,也是职业教育的内容和方法,还是职业教育的品质和特色。职业教育需要"工匠精神",可以从以下三个方面来说明:

1. "工匠精神"是职业教育的目标和动力

职业教育的根本目的是培养具有"工匠精神"的职业人才,为社会提供高效的产品和服务,为国家提供强劲的动力和支撑,为个人提供充实的生活和价值。职业教育的最终效果是体现在职业人才的"工匠精神"上,是通过职业人才的"工匠精神"来评价和检验的。职业教育的内在动力是激发和培养学生的"工匠精神",是让学生对自己的职业有一种热爱和专注,既有一种坚持和创新,也有一种责任和担当。

2. "工匠精神"是职业教育的内容和方法

职业教育的主要内容是传授和训练专业技能和职业素养,是让学生掌握和运用职业知识和技能,是让学生形成和展示职业态度和风格。职业教育的有效方法是以"工匠精神"为导向和标准,是以实践和实训为主要手段,是以质量和创新为核心要求。职业教育要注重培养学生的"工匠精神",要让学生在学习和实践中体验和感受"工匠精神"的内涵和价值,要让学生在技能和素养的提升中展现和彰显"工匠精神"的风采和魅力。

3. "工匠精神"是职业教育的品质和特色

职业教育的品质是体现在职业教育的水平和效果上,是决定职业教育的声誉和地位的。职业教育的特色是体现在职业教育的形式和风格上,是区别职业教育和其他教育的。职业教育要以"工匠精神"为品质和特色,要以"工匠精神"为标志和象征,要以"工匠精神"为优势和亮点。职业教育要以"工匠精神"来提升和保证职业教育的质量,要以"工匠精神"来塑造和展示职业教育的特色,要以"工匠精神"来赢得和增强职业教育的认可和尊重。

(三)培养"工匠精神"的途径和方法

培养工匠精神的重要途径是通过职业道德的培养,将"工匠精神"纳入职业精神和职业道德,传递了耐心、专注、坚持的精神,培养这种手工匠人所具备的特质,需要依赖人们之间的交流和感染。通过言传身教把"工匠精神"自然传承下去,使学生懂得"工匠精神"的实质和内涵,才能确立目标,端正学习态度和职业态度,促进自身的成长。

1. 要加强职业教育的理念和文化建设,树立工匠精神的价值观和导向

职业教育要树立一种以人为本、以质量为本、以效果为本的教育理念,要树立一种以

实践为基础、以能力为核心、以就业为导向、以创新为动力的教育理念,要树立一种以技能为基础、以素质为核心、以服务为导向、以发展为动力的教育理念。职业教育要营造一种尊重劳动、尊重技术、尊重创新、尊重个性的教育文化,要营造一种追求卓越、追求完美、追求贡献、追求幸福的教育文化。职业教育要培养学生的职业理想和职业自豪感,要培养学生的职业责任和职业荣誉感,要培养学生的职业热情和职业奉献感,要培养学生的职业信心和职业创造感。

2. 要加强职业教育的课程和教学改革,提高工匠精神的教学质量和效果

职业教育要构建一种以学生为主体、以教师为主导、以社会为参与、以市场为导向的课程体系,要构建一种以知识为基础、以技能为重点、以能力为目标、以创新为特色的课程体系。职业教育要实施一种以实践为主线、以项目为载体、以问题为导向、以任务为驱动的教学模式,要实施一种以合作为基础、以探究为方法、以反馈为机制、以评价为保障的教学模式。职业教育要培养学生的专业知识和专业技能,要培养学生的专业思维和专业方法,要培养学生的专业态度和专业习惯,要培养学生的专业创新和专业发展。

3. 要加强职业教育的师资和资源建设,提升工匠精神的教学水平和能力

职业教育要建设一支以双师型为主体、以专家型为补充、以复合型为发展、以创新型为目标的教师队伍,要建设一支具有高素质、高技能、高能力、高创新的教师队伍。职业教育要建设一种以校企合作为基础、以产教融合为特征、以社会服务为方向、以资源共享为原则的教育资源体系,要建设一种具有先进性、适用性、开放性、灵活性的教育资源体系。职业教育要提高教师的职业素养和职业能力,要提高教师的教学水平和教学效果,要提高教师的创新意识和创新能力,要提高教师的发展空间和发展潜力。

4. 要加强职业教育的管理和评价机制,保障工匠精神的教学质量和效果

职业教育要建立一种以规范为基础、以效率为目标、以服务为宗旨、以改革为动力的管理机制,要建立一种具有科学性、合理性、公正性、透明性的管理机制。职业教育要建立一种以过程为重点、以结果为依据、以质量为标准、以满意为目的的评价机制,要建立一种具有多元性、动态性、互动性、发展性的评价机制。职业教育要加强对教学过程和教学结果的监督和检查,要加强对教学质量和教学效果的评估和反馈,要加强对教学问题和教学改进的分析和研究,要加强对教学创新和教学发展的激励和支持。学校在深度校企合作办学体制下,通过订单班、现代学徒制等方式,增加学生企业实践机会,在课程教学中融入"工匠精神",在人才培养全过程融入"工匠精神",是培养学生"工匠精神"的有效途径。

第三节　职业教育与产业供需双向驱动的体制机制

职业教育与产业相伴相生、相互扶持，产业需求和教育供给通过人才、技术、服务等手段实现双向对接。职业教育与产业发展最为理想的状态是相互激励、协同创新、共同发展，产教深度融合为相关利益方创造效益，实现产业结构提升和优化，满足人民对美好生活的向往的需求。

一、办学层次与产品层次对接

（一）强力打造完整的产业链条

在当前的经济社会发展中，产业链的作用越来越重要。产业链是指由上游原材料供应商、中游生产加工企业和下游终端消费者构成的一条完整的价值创造和传递的链条，它反映了产业的竞争力和效率。产业链的完整性、优化性和创新性是影响产业发展的关键因素，也是衡量产业发展水平的重要指标。因此，打造完整的产业链条，既是提升产业竞争力和效益的必然要求，也是促进产业升级和转型的重要途径。

职业教育作为产业链的重要组成部分，是产业链的人才供应者和技术支撑者，也是产业链的创新驱动者和价值提升者。职业教育的办学层次和产品层次，直接影响着产业链的质量和效率，也决定着产业链的发展方向和潜力。因此，职业教育要与产业链的需求和发展相对接，要根据产业链的特点和规律，制定合理的办学层次和产品层次，以适应和引领产业链的变化和创新。

具体而言，职业教育要强力打造完整的产业链条，主要需要做好以下四个方面的工作：

一是要明确产业链的结构和特征，分析产业链的需求和趋势，确定职业教育的目标和定位。产业链的结构和特征，决定了产业链的价值和效率，也决定了产业链的人才和技术的需求和水平。职业教育要根据不同产业链的结构和特征，如产业链的长度、宽度、深度、密度、稳定性、灵活性、复杂性、多样性等，分析产业链的发展阶段、发展方向、发展潜力、发展难点、发展机遇等，确定职业教育的办学层次和产品层次，以满足产业链的现实需求和未来发展。

二是要优化职业教育的课程和教学，提高职业教育的质量和效果，培养适应产业链的人才和技术。职业教育的课程和教学,是职业教育的核心和灵魂,是职业教育的产品和服务,也是职业教育的质量和效果的体现和保障。职业教育要根据产业链的人才和技术的需求和标准,优化职业教育的课程设置和教学内容,突出职业教育的实用性和针对性,强化职业教育的基础性和前瞻性,提高职业教育的创新性和灵活性,培养具有专业技能、专业素养、专业精神和专业道德的高素质人才,提供符合产业链的技术解决方案和技术服务。

三是要加强职业教育的合作和交流,拓展职业教育的资源和渠道,促进产业链的协同和创新。职业教育的合作和交流,是职业教育的拓展和延伸,是职业教育的资源和渠道,也是职业教育的协同和创新的动力和平台。职业教育要根据产业链的协作和竞争的关系和模式,加强职业教育的内部合作和外部合作,如职业教育的横向合作、纵向合作、跨界合作、国际合作等,拓展职业教育的资源获取和资源共享,如职业教育的师资资源、教材资源、教学资源、实训资源、就业资源等,促进职业教育的信息交流和经验交流,如职业教育的教学交流、科研交流、成果交流、评价交流等,促进产业链的协同发展和创新发展。

四是要完善职业教育的评价和监督,保障职业教育的规范和健康,提升产业链的信任和认可。职业教育的评价和监督,是职业教育的规范和健康的保障和推动,是职业教育的信任和认可的基础和条件,也是职业教育的改进和提升的动力和方向。职业教育要根据产业链的质量和效率的要求和标准,完善职业教育的评价体系和评价方法,如职业教育的内部评价、外部评价、过程评价、结果评价、综合评价等,加强职业教育的监督机制和监督手段,如职业教育的自我监督、社会监督、行业监督、政府监督等,保障职业教育的规范运行和健康发展,提升产业链对职业教育的信任度和认可度。

职业教育要强力打造完整的产业链条,要从产业链的需求和发展出发,要以产业链的人才和技术为核心,要通过产业链的合作和交流为途径,要以产业链的评价和监督为保障,要实现职业教育办学层次与产品层次的有效对接,要为产业链的完整性、优化性和创新性提供有力的支撑和保障,要为产业链的竞争力和效益提供有力的提升和增值,要为产业链的升级和转型提供有力的引领和推动,要为产业链的发展和繁荣提供有力的贡献和服务。

(二)构建多元化的办学层次

在当前的经济社会发展中,人才的需求和供给呈现出多样化和个性化的特征。不同的产业、不同的岗位、不同的企业、不同的个人,对人才的要求和期望各不相同,也在不断变化和提高。因此,构建多元化的办学层次,既是满足人才市场的多样化和个性化的需求,也是适应人才发展的多样化和个性化的路径。

职业教育作为人才市场的重要供应者,要根据人才市场的需求和变化,构建多元化的办学层次,以适应不同层次、不同类型、不同方向的人才的培养和发展。具体而言,职业教

育要构建多元化的办学层次,主要需要做好以下三个方面的工作:

1. 要建立灵活的办学层次体系,实现办学层次的动态调整和优化

办学层次体系是职业教育的基础和框架,是职业教育的层次和类型的划分和规范,也是职业教育的质量和效果的保障和提升。职业教育要根据人才市场的需求和变化,建立灵活的办学层次体系,如职业教育的初级、中级、高级、专业、高等等层次,以及职业教育的技工、技师、高级技师、专科、本科等类型,实现办学层次的动态调整和优化,以适应不同层次和类型的人才的培养和发展。

2. 要拓展多样的办学层次渠道,实现办学层次的多元化和个性化

办学层次渠道是职业教育的拓展和延伸,既是职业教育的层次和类型的补充和丰富,也是职业教育的多样化和个性化的体现和满足。职业教育要根据人才市场的需求和变化,拓展多样的办学层次渠道,如职业教育的学历教育、非学历教育、继续教育、职业资格教育、职业技能培训等渠道,实现办学层次的多元化和个性化,以适应不同层次和类型的人才的培养和发展。

3. 要建立有效的办学层次衔接,实现办学层次的无缝对接和升级

办学层次衔接是职业教育的连接和转换,既是职业教育的层次和类型的互通和提升,也是职业教育的协调和发展的保障和推动。职业教育要根据人才市场的需求和变化,建立有效的办学层次衔接,如职业教育的同层次衔接、跨层次衔接、跨类型衔接、跨学科衔接、跨学制衔接等衔接,实现办学层次的无缝对接和升级,以适应不同层次和类型的人才的培养和发展。

职业教育要构建多元化的办学层次,要从人才市场的需求和变化出发,要以人才的培养和发展为核心,要通过办学层次的调整和优化为基础,要通过办学层次的多元化和个性化为途径,要通过办学层次的无缝对接和升级为保障,要实现办学层次与人才市场的有效对接,要为人才市场的多样化和个性化提供有力的支持和服务。

(三)着力构建"中职+高职+应用本科+研究生"的现代职业教育体系

教育部等六部门印发的《现代职业教育体系建设规划(2014—2020年)》(以下简称《规划》)提出的总体目标是:"牢固确立职业教育在国家人才培养体系中的重要位置,到2020年,形成适应发展需求、产教深度融合、中职高职衔接、职业教育与普通教育相互沟通,体现终身教育理念,具有中国特色、世界水平的现代职业教育体系,建立人才培养立交桥,形成合理的教育结构,推动现代教育体系基本建立、教育现代化基本实现。"《规划》指出,职业教育包括初等职业教育、中等职业教育和高等职业教育三个层次,其中的高等职业教育还分为高等职业(专科)学校和应用技术类型高校。学校除了开展本科层次职业教育以外,要建立以提升职业能力为导向的专业学位研究生培养模式。国务院2019年印

发的《国家职业教育改革实施方案》要求完善高层次应用型人才培养体系，开展本科层次职业教育试点，发展以职业需求为导向、以实践能力培养为重点、以"产学研用"结合为途径的专业学位研究生培养模式，加强专业学位硕士研究生培养。以上三个文件，描绘了清晰的现代职业教育体系框架。从《规划》的指导思想看，未来的职业教育本科就是应用型本科，鼓励新办的600所本科院校转型为应用型本科，按职业教育类型发展，这一政策虽然没有改变学校名称，甚至不列为职业本科，仍然没有得到相关本科院校的积极回应，没有本科院校实际按职业教育方向发展，说明职业教育目前的社会地位和社会认可度仍然比较低。为此，《国家职业教育改革实施方案》里改成了"推动具备条件的普通本科高校向应用型转变，鼓励有条件的普通高校开办应用技术类型专业或课程"。另外，根据《规划》要求，原则上高职（专科）院校不升格为本科院校，但实际上已经有部分民办高职成功升格为民办本科。

1. 优化高招录取制度，完善高等职业教育体系

高等职业教育体系尚未形成。高等职业教育只设置专科层次，有三年制和五年一贯制两种培养形式。高职毕业生的升学通道较为狭窄，主要有专转本、专接本、专升本等形式，部分省份试行了高职本科"3+2"分段培养和高职本科"4+0"联合培养（分段和联合培养是按照本科院校要求进行，但由于占用了本科院校招生指标，本科院校参与的积极性并不高），毕业学生的最终学历文凭仍属于本科院校，高职院校仅是本科人才培养的"代工厂"。由于职教本科、研究生教育还没有正式开展，目前仍无法构建完整的高等职业教育体系。

招生录取制度急需改革。现行的高招录取制度有三个特点：一是设招生指标，对高招总量及各大专院校招生计划数进行控制。从目前情况来看，部分省份生源数量出现断崖式下降，招生计划数已大于生源总量。在生源总量下降的同时，本科和专科招生计划并没有同比例下降，本科院校反而逆势扩张，院校之间招生竞争更加激烈。二是分批次录取，高职院校作为最后录取批次，实际上已经沦为前面批次院校落选学生的收容所，更加"坐实"了高职院校低人一等的社会地位，使高职院校进一步被边缘化。三是高职院校开始面向社会人员，包括高中毕业生、下岗工人、退役军人、农民工等，进一步拓展了高职院校招生途径，强化了训育结合的人才培养特色。

高职院校名称需重新斟酌。高职院校命名规则要求院校名称中加入"职业"二字，一般称为"职业技术学院"或"职业学院"，这种命名规则是对高等职业教育的矮化和窄化，并由此导致了以下三个方面的问题：一是难以与国际职业教育接轨。境外培养应用型人才的院校，并不专门强调"职业"属性，如德国的亚琛应用科技大学、韩国的木浦科学大学等，高职院校在与这些境外院校进行交流时难以对接。二是与高等教育宗旨不一致。根据《高等教育法》，高职教育以"立德树人"为宗旨，以培养高素质的技术技能型人才为己任，不是针对岗位的专门职业培训机构。三是无法满足国家战略对应用型人才培养的要求。"中国制

造2025""一带一路"倡议等对应用型人才的数量和质量都提出了更高标准,高职院校需要跳出"职业"牢笼,实现理论知识与实践能力相结合、文化素养与技术技能相融汇、创新创业与专业教育相融合,培养满足社会需要的创新型人才。

结合以上存在问题分析,为实现职业教育与产业协同改革,本研究提供建议如下:参照我国香港、台湾地区以及其他国家的通行做法,建立由硕士、本科、专科层次共同组成的高等职业教育体系;实行"升级不升格"政策,允许《高等职业教育创新发展行动计划(2015—2018年)》确认的3000个高职国家骨干专业招收本科生,开展高职本科教育,并逐步开展高职硕士点建设;结合境外应用型人才培养成功经验,建议将现有的高职院校名称改为"×××技术学院""×××技术大学""×××科技大学";高招录取分为不分批次,同时开展研究型高校、教学研究型高校、应用型高校、高职高专院校招生。

2. 优化学位设置,设立副学士学位

副学士学位证书境外已广泛应用。副学士学位证书是源于北美大学的学位体系,在美国、加拿大、英国、澳大利亚的高校中广泛应用,代表学生获得了较为深厚的理论基础和丰富的通识教育知识,具备了继续开展更高层次学习的水平和能力。

高职教育目标符合副学士学位证书要求。《高等教育法》要求高职院校以"立德树人"为宗旨,以培养学生精湛的一技之长和深厚的文化底蕴为目标,注重学生的可持续发展能力培养,满足了国际通行的副学士学位证书的相关要求。

高职毕业生需要副学士学位证书。根据现行的学位管理制度,高职院校的毕业生只能获得证明学习经历的学历证书,无法获得证明学习成果的学位证书,对高职学生的自信心和未来的职业发展产生了负面影响。国内部分高职院校也曾为此做出了努力,但限于国家学位体系制度,无法为学生提供副学士学位证书。例如,扬州工业职业技术学院制定了副学士证书制度,为符合条件的优秀毕业生颁发副学士证书。虽然该证书不属于学位证书,只是学校对学生学习能力和结果的自证材料,但是激发了学生努力学习的积极性,得到了毕业生和用人单位的高度认可。

基于以上分析,笔者建议:参照美国、加拿大及澳大利亚等国家和中国香港、台湾地区的副学士学位设置办法,优化学位设置条例,增设副学士学位,为成绩优秀的高职高专毕业生升学及就业提供政策支持;完善副学士学位使用规范,明确副学士学位证书用途,营造副学士学位毕业生制度环境,为激励学生学习和学生出国求学、升学提供政策支持。

3. 对接产业链条,提升职业教育层次

产业链整合过程不断向上下游演进,对各级各类人才的需求也同时呈现出整合趋势。但职业教育支撑产业发展的能力还比较薄弱,还没有形成能够支撑产业链发展的现代职业教育体系。由于人才匮乏、待遇偏低，职业院校普遍缺乏吸引力，高层次技术技能人才较少，科研能力较薄弱，开发技术服务能力不强，企业也不愿意把具有高技术含量、高端业态的技术拿来与职业院校进行合作，导致职业院校难以成长壮大。

目前，对现代职业教育外延进行界定的范围一般限定为"中职+高职"，虽然教育部鼓励新建本科院校往应用型高校发展，并严格控制高职院校升本的政策，但呈现出两种趋势：一是高职院校升本的冲动并未因为禁令而有所减弱，甚至部分省份和高职院校将升本作为学校的重大办学目标；二是普通本科院校并不想定位于应用型本科，响应教育部号召的学校寥寥无几。但是，为了产业链的发展，国家推动建立"中职、高职、本科+研究生"的现代职业教育体系仍然具有重大战略意义。

朱爱胜和孙杰在《高职教育培养本科应用技术型人才的问题分析与路径探索》中，根据我国经济产业转型和高职教育发展现状，从理论、政策、现实基础、国外经验四个方面对高职教育培养本科应用技术型人才进行了可行性分析，探讨了高职教育培养本科应用技术型人才存在政策困境、理念偏差、高职教育自身基础不足、发展能力不强四个方面的问题，提出我国高职教育培养本科应用技术型人才的路径思考，即高职院校与本科高校分段培养、整体培养应用技术型人才。❶孙杰在《供给侧改革视角下高职本科层次应用技术型人才培养探析》中，根据我国经济产业转型和高职教育发展现状，提出了高职教育培养本科层次应用技术型人才的观点，阐述了高职教育培养本科层次应用技术型人才的必要性与可行性，借鉴了国际通用做法以及德国的应用技术大学、英国的多科技术学院等高职教育培养本科应用技术型人才的实践经验，并指出我国高职教育培养本科层次应用技术型人才应重点明确明晰人才培养的目标和原则、合理设置专业数量与结构、加强师资队伍建设是关键、推进校企合作和产教融合等高职院校培养本科层次应用型人才存在的几个问题。❷江苏省在开展高职本科"3+2"分段培养和高职本科联合培养"4+0"项目上，已经进行了有益的探索，取得了非常宝贵的经验，培养的本科学生具备了坚实的理论基础和实践经验，得到了企业界的高度认可，业界称为升级不升格。

但限于国家对学位体系的限制，高职院校学生不能获得学士学位，更无法获得硕士学位。在德国的应用技术大学，学士学位的学生需要完成7个学期的学习，其中有一个学期是实践学期。另外，具备学士学位的学生如果攻读硕士学位，需要再学习3个学期，即可获得硕士学位，均比我国目前的学士和硕士学制要短。如果能够在目前的学术硕士、专业硕士基础上，增加技术硕士学位，专门招收应用型人才进行技术研发，对丰富职业教育体系将具有重要推动作用，也将极大地提升职业教育的吸引力和社会认可度。

---

❶ 朱爱胜,孙杰. 高职教育培养本科应用技术型人才的问题分析与路径探索 [J]. 职业技术教育, 2017, 38(18)18：31-33.
❷ 孙杰,供给侧改革视角下高职本科层次应用技术型人才培养探析 [J]. 教育与职业, 2017(12)：24-28.

二、人才培养过程与生产服务过程对接

(一)招生与招工的紧密衔接

招生与招工是职业教育人才培养过程与生产服务过程对接的两个方面。招生是指职业教育机构根据社会和市场的需求，吸引和选拔合适的学生入学，为他们提供专业的教育和培训。招工是指职业教育机构与用人单位的合作，为毕业的学生提供就业指导和推荐，帮助他们找到合适的工作岗位。招生与招工的紧密衔接，可以实现职业教育人才培养过程与生产服务过程的有效对接，提高职业教育的质量和效益，促进社会和经济的发展。

招生与招工的紧密衔接，需要职业教育机构和用人单位之间的密切沟通和协作。职业教育机构应该了解用人单位的人才需求和岗位要求，制定符合市场需求的专业设置和课程体系，培养适应用人单位需要的人才。用人单位应该了解职业教育机构的教育理念和培养模式，提供实习和就业的机会和条件，给予职业教育机构和学生的反馈和建议。职业教育机构和用人单位应该建立长期的合作关系，定期进行信息交流和评估，共同完善职业教育人才培养过程与生产服务过程的对接机制。

招生与招工的紧密衔接，也需要职业教育机构和学生之间的良好互动和配合。职业教育机构应该向学生提供准确和全面的专业介绍和就业信息，帮助学生根据自己的兴趣和能力，选择合适的专业和学习路径。学生应该积极参与职业教育的学习和实践，掌握专业知识和技能，培养职业素养和能力，为就业做好准备。职业教育机构和学生应该保持良好的沟通和联系，及时解决学习和就业中的问题和困难，共同促进职业教育人才培养过程与生产服务过程的对接。

(二)教学与实训的有机结合

教学是指职业教育机构通过课堂教学、网络教学等方式，向学生传授专业知识和理论，培养学生的专业思维和方法。实训是指职业教育机构通过实验室、车间、模拟场景等设施，让学生进行专业技能的操作和练习，培养学生的专业技能和水平。教学和实训的有机结合，可以实现职业教育人才培养过程与生产服务过程的有效对接，提高学生的专业素养和就业竞争力，满足用人单位的人才需求。

教学和实训的有机结合，需要职业教育机构和用人单位之间的密切合作和支持。职业教育机构应该根据用人单位的人才需求和岗位要求，制定符合行业标准和市场动态的教学计划和实训方案，选择合适的教学内容和实训项目，采用有效的教学方法和实训手段，保证教学和实训的质量和效果。用人单位应该向职业教育机构提供专业的指导和支持，提供实际的工作场景和任务，提供先进的设备和技术，提供优秀的师资和人才，提供必要的资金和物资，保证教学和实训的实用性和针对性。职业教育机构和用人单位应该建立稳定的

合作伙伴关系，共同推进教学和实训的有机结合。

教学和实训的有机结合，也需要职业教育机构和学生之间的积极参与和协调。职业教育机构应该向学生提供优质的教学和实训资源，提供多样的教学和实训形式，提供灵活的教学和实训安排，提供充分的教学和实训指导，提供及时的教学和实训评价，提供有效的教学和实训改进，保证学生的学习和实训的主动性和积极性。学生应该认真参与教学和实训的各个环节，积累专业知识和技能，提高专业素养和能力，解决专业问题和挑战，展示专业成果和水平，保证自己的学习和实训的效率和质量。职业教育机构和学生应该保持良好的互动和反馈，相互理解和支持，相互学习和进步，共同促进教学和实训的有机结合。

教学和实训的有机结合，是职业教育人才培养过程与生产服务过程对接的重要保障和基础。只有通过教学和实训的有机结合，才能培养出既有专业知识又有专业技能，既有理论基础又有实践经验，既能适应用人单位的岗位需求又能创造社会和个人价值的职业教育人才。因此，职业教育机构和用人单位、学生之间应该加强合作和协调，共同推动教学和实训的有机结合，为职业教育人才培养过程与生产服务过程的对接做出贡献。

(三)教学过程与生产过程的精准对接

首先，充分明确工作过程与教学过程的结合点。完整的工作过程包括资讯、计划、决策、实施、检查和评估6个步骤。传统的职业教育课程体系按学科体系构建将课程划分为文化课、专业基础课和专业课并辅之以相应的技能训练课，强调知识的完整性、系统性，强调动作的技能技巧，没有将工作看成一个整体，无法形成对工作的一个整体认识。完整的教学过程包括组织教学、导入新的学习情境、学习新任务、结束任务4个过程。教学过程的主体是学习典型工作任务，而学习的内容是工作，是在工作过程中学习，因此教学过程中的学习新任务环节，要与工作过程对接。不同的职业岗位典型工作任务工作过程不一定相同，教学实施内容、新任务的教学环节与一般的工作过程六步相比，可能不完整，可能没有决策，也可能没有资讯，还可能资讯隐含在计划中，教学过程的某个环节可能将对应的工作步骤进行放大，基于工作过程系统化课程体系开展教学，以行动为导向，通过课程实现理论与实践相结合。

其次，教学过程要培养学生职业综合能力。随着技术发展、社会进步和劳动生产组织方式的变革，现代企业运行和社会管理进入了以过程为导向的综合化运作时代，这对技能型人才的素质提出了新的要求，不但增加了对他们在工作任务上的复杂性和综合性方面的要求，也提出了工作过程的完整性要求。技能型人才不仅要有岗位能力，而且应当具备综合职业能力。职业学校要想培养学生解决复杂工作情境中综合问题的能力，必须帮助学生通过工作中的学习建构自身的知识体系，于是探索和引进理论实践一体化课程及其开发方法成为课程改革的重要任务。

最后，建立以职业能力为导向的学习领域课程体系。学习领域是一个理论与实践一体化的综合性学习任务，其基本特点是保证工作过程的完整性。学习领域课程和工作过程系统化课程指的是同一种课程模式，只是分析问题的视角不同。学习领域课程把学习理解为理论和实践一体化的职业能力发展过程，为学生提供了一个能对理论和实践进行整体化连接的综合性工作任务和工作过程。在学习领域课程中，学生不再像学科课程那样按照知识系统性来认识社会、技术与个人的关系，而是通过理论实践一体化的学习内容载体，从工作世界的整体性出发，认识知识与工作的联系，从而获得对综合职业能力形成过程极为重要的工作过程知识和背景意识，实现学习的迁移性。

（四）成绩评定与工资绩效的有机结合

依据人才成长规律，学习成绩好的毕业生的职业能力和职业素养应该与学习成绩呈现相关性，学习成绩好的毕业生的职业表现应该更优秀，就业后工资绩效应该更高。但在现实发展中，无论是就业初期还是后续发展，学生的在校成绩往往只是企业录用学生的参考依据。虽然企业对人才具有挑选权，如果由于市场供应不足，企业往往对人才并不具有真正意义上的挑选权。由于学校人才培养规格、考核形式等方面的限制，学校的学习成绩与学生未来职业发展往往不具有内在统一性，在校考试成绩与未来工作绩效相割裂的现象，既反映了人才培养过程中职业教育针对性不足，也导致了学生学习动力不足。为激励学生进行有效学习，提高人才培养的有效性，学校可以采取以下措施：

改革教学内容。保持教学内容与未来工作内容的一致性，是提高人才培养准确度的重要举措，也是职业教育和普通教育的根本区别。优化教学内容，要在产教融合理念下，通过深度校企合作和工学结合，将企业工作、生产的真实内容进行教学化改造，成为学生学习的主要内容，为学生适应未来职业岗位工作的要求奠定基础。

优化考核方式。学校的课程考核可以引入企业考核方式，注重学生的真实工作能力考核，摒弃知识型考试的模式，防止以知识记忆代替职业能力考核，通过项目完成情况和学生自我评价、小组评价等方式，以等级方式评定学生成绩，使学生通过在校学习考核提升职业能力适应性，并提前了解企业在人才考核方面的做法，及早进入职业工作状态。

建立激励机制。对于招工即招生的现代学徒制试点专业学生，建立学习成绩与未来职业绩效挂钩的激励机制，有利于促进学生学习积极性。学校、企业、学生在签订三方协议时，可以对学生的学业成绩提出明确要求，并对成绩优秀的学生进行职业发展方面的激励，提高学生在校期间的学习积极性。

（五）学生毕业就业与产品合格出售的内在统一

社会上有两种相互对立的观点：一种观点是将学生视为产品，学校通过招生与就业工作，以流水线的方式整批次生产企业所需要的员工，其培养过程与企业的产品生产过程具有高度相似性；另一种观点认为人才培养具有高度个性化特征，不能用流水线的思维来进行人才生产，需要照顾到学生的内在需要和个性化需要。这两种观点其实并不矛盾。第一种观点是将学生的培养过程宏观化，只是从表面形式考察了学生的培养过程，与企业生产相比较也同样是形式上的；第二种观点是从人才培养的本质意义上考察，认为人才知识、能力、素质的提升需要进行非常复杂的内化过程。从目前企业无偿得到毕业生的制度设计来看，学生毕业到企业进行工作，至少在形式上与产品经过检验合格后出售给消费者具有一定的相似性。

要建立与产品标准类似的毕业生标准。毕业标准是每个学校专业人才培养方案都要规定的内容，由于全国职业院校人才培养水平差距较大，尚未完成国家层面的统一专业人才毕业标准的制定工作，即使有部分行业协会制定了自己的专业人才培养方案，仍然没有上升为具有强制性的国家标准。建立国家层面的专业人才毕业标准，可以由行业协会、专家学者、企业代表、学校代表、学生代表等组成专家团队，充分考虑各地经济社会发展水平并结合当地生产工艺，对不同层次的职业院校提出不同的毕业生标准。

要建立毕业生质量跟踪调查制度。毕业生满足社会和企业岗位工作的程度，应该成为判断职业院校人才培养质量的重要指标，建立基于社会第三方的毕业生质量跟踪调查制度，能够为学校人才培养工作改革提供基本依据，也是社会和政府了解职业教育发展状况的重要途径。目前，真正意义上的毕业生质量跟踪调查制度尚未建立，部分民间机构开展的相关调查由于收取被调查院校的费用而降低了社会认可度。因此，建立完善的毕业生跟踪调查制度就十分必要而且急迫。政府提供经费，社会专业机构进行资金审计，引导社会第三方开展独立公正的职业院校毕业生跟踪调查，并公布调查结果，免费向被调查学校提供调查结果，在保证公正的基础上，由学校根据真实的结果进行人才培养过程优化。

三、职业技能提升和产品升级对接

（一）构建多方参与的全开放、多层次、宽领域合作平台

当今社会，信息技术的发展日新月异，各行各业都面临着激烈的竞争和变革。为了适应这种变化，不仅需要不断地提升产品的质量和创新性，还需要提升职业技能，以满足市场的需求和期待。然而，职业技能的提升并不是一件容易的事情，它需要大量的时间、精力和资源，而且往往需要与产品的升级相匹配，才能发挥最大的效果。如何实现职业技能提升和产品升级的有效对接，是一个亟待解决的问题。

为了解决这个问题，我们提出了一个构建多方参与的全开放、多层次、宽领域合作平台的方案。这个平台的目的是促进各方的信息交流、资源共享、经验借鉴和创新合作，从而实现职业技能提升和产品升级的有机结合。具体来说，这个平台包括以下三个方面：

1. 全开放

这个平台是对所有有兴趣和需求的人员和组织开放的,无论是从事哪个行业,拥有哪种背景,都可以自由地加入和退出,享受平台提供的服务和机会。这样可以增加平台的参与度和活跃度,也可以拓展平台的覆盖面和影响力。

2. 多层次

这个平台是分为多个层次的,根据参与者的不同需求和能力,提供不同的服务和机会。例如,有的参与者可能只需要获取一些基础的信息和资源,有的参与者可能需要参与一些高级的培训和指导,有的参与者可能需要参与一些创新的项目和合作。这样可以满足平台的多样性和个性化,也可以提高平台的效率和效果。

3. 宽领域

这个平台是涵盖多个领域的,不仅包括传统的行业和领域,也包括新兴的行业和领域,甚至是跨界的行业和领域。例如,有的参与者可能来自教育、医疗、金融等领域,有的参与者可能来自人工智能、区块链、云计算等领域,有的参与者可能来自文化、艺术、娱乐等领域。这样可以丰富平台的内容和形式,也可以激发平台的创意和潜力。

通过构建这样一个多方参与的全开放、多层次、宽领域合作平台,我们可以实现以下三个目标:

1. 提升职业技能

通过平台,参与者可以获取最新的信息和资源,参与最优的培训和指导,参与最有趣的项目和合作,从而提升自己的职业技能,增加自己的竞争力和价值。

2. 升级产品

通过平台,参与者可以了解最新的市场和需求,参与最有效的评估和改进,参与最创新的设计和开发,从而升级自己的产品,增加自己的品质和影响。

3. 促进合作

通过平台,参与者可以认识最合适的伙伴和团队,参与最合理的分工和协作,参与最合作的沟通和反馈,从而促进自己的合作,增加自己的信任和满意。

构建多方参与的全开放、多层次、宽领域合作平台,是一种有效的解决方案,可以实现职业技能提升和产品升级的有效对接,为参与者带来更多的机会和收益,为社会带来更多的进步和贡献。

(二)展示平台的具体实施方案和效果

为了实现构建多方参与的全开放、多层次、宽领域合作平台的方案,我们需要考虑以下几个方面的具体实施:

1. 平台的建设

我们需要利用现有的信息技术，搭建一个方便、安全、高效的在线平台，作为参与者的主要交互界面。这个平台需要具备以下几个功能：

（1）注册和登录：参与者可以通过简单的注册和登录，成为平台的用户，享受平台的服务和机会。

（2）信息和资源：平台可以提供各种各样的信息和资源，包括行业动态、市场分析、技术介绍、案例分享、专家讲座、在线课程、电子书籍、软件工具等，供参与者自由地浏览和下载。

（3）培训和指导：平台可以提供各种各样的培训和指导，包括在线测试、在线答疑、在线辅导、在线评估、在线认证、在线咨询、在线指导等，供参与者自由地选择和参与。

（4）项目和合作：平台可以提供各种各样的项目和合作，包括项目发布、项目申请、项目分配、项目执行、项目监督、项目评价、项目展示、项目奖励等，供参与者自由地发起和加入。

（5）伙伴和团队：平台可以提供各种各样的伙伴和团队，包括个人资料、个人评价、个人标签、个人匹配、个人邀请、个人沟通、个人协作、个人反馈等，供参与者自由地认识和结合。

2. 平台的运营

我们需要利用现有的管理技术，建立一个规范、公平、透明的运营机制，作为平台的保障和支持。

3. 平台的目标

我们需要明确平台的目标，即实现职业技能提升和产品升级的有效对接，为参与者带来更多的机会和收益，为社会带来更多的进步和贡献。

4. 平台的规则

我们需要制定平台的规则，即规范参与者的行为和责任，保护参与者的权益和安全，维护平台的秩序和声誉。这些规则包括注册协议、用户协议、隐私政策、版权声明、违规处理等。

5. 平台的组织

我们需要建立平台的组织，即分配平台的角色和职责，协调平台的资源和活动，监督平台的质量和效果。这些组织包括平台管理员、平台专家、平台合作方、平台用户等。

6. 平台的评价

我们需要设计平台的评价，即收集平台的数据和反馈，分析平台的问题和改进，报告平台的成果和影响。这些评价包括用户满意度、用户参与度、用户成长度、产品质量度、产品创新度、社会贡献度等。

7. 平台的优化

我们需要实施平台的优化,即根据平台的评价和建议,调整平台的功能和服务,提升平台的性能和体验,增强平台的竞争力和吸引力。

通过这样一个规范、公平、透明的运营机制,我们可以保证平台的稳定和可持续,也可以不断地改进和完善平台,使其更加符合参与者的需求和期望,更加适应社会的发展和变化。

(三)发展职业院校学生可持续发展能力,满足经济转型发展要求

随着社会的进步和科技的发展,经济结构和产业需求不断变化,职业教育也面临着新的挑战和机遇。如何培养适应未来社会和市场的职业人才,是职业教育的重要课题。为此,职业院校应该注重发展学生的可持续发展能力,即具备不断学习、创新和适应变化的能力,以及与他人合作、沟通和解决问题的能力。这些能力可以通过以下三方面的教育来培养。

1. 职业价值观教育

职业价值观是指对职业生涯的目标、意义和态度的认识和评价,它影响着个人的职业选择、发展和满意度。职业价值观教育旨在帮助学生树立正确的职业观念,认识职业的社会价值和个人价值,培养职业的责任感和荣誉感,激发职业的热情和动力,形成职业的自信和自尊,以及适应职业的变化和挑战。

职业价值观教育可以通过以下方式进行:一是引导学生进行职业生涯规划,帮助他们明确自己的兴趣、特长、目标和途径,以及如何实现自我价值和社会价值的平衡;二是开展职业道德教育,教育学生遵守职业规范和法律法规,尊重职业同行和客户,诚信、公正、专业地从事职业活动;三是组织职业体验和实践活动,让学生接触不同的职业场景和角色,感受职业的乐趣和挑战,培养职业的技能和素养;四是邀请职业典型和成功人士来校进行讲座和交流,让学生了解他们的职业故事和经验,激励学生树立职业的榜样和目标。

2. 学习能力教育

学习能力是指个人获取、处理、应用和创造知识的能力,它是可持续发展能力的核心和基础。学习能力教育旨在培养学生的终身学习意识和能力,使他们能够主动、有效、自主地学习,不断更新和拓展知识,提高和创新技能,适应和引领变化。

学习能力教育可以通过以下方式进行:一是改革教学模式和方法,从以教师为中心的知识传授转变为以学生为中心的知识建构,从单一的教学手段转变为多元的教学资源,从封闭的教学环境转变为开放的教学空间,从被动的教学评价转变为主动的教学反馈,激发学生的学习兴趣和动力,培养学生的学习策略和方法,提高学生的学习效果和质量;二是加强基础知识和通用技能的教育,打牢学生的学习基础,提高学生的学习能力,使他们能够掌握和运用语言、数学、信息、逻辑等基本工具,分析和解决问题,表达和交流观点,批

判和创造思维；三是拓展专业知识和技能的教育，结合行业的发展趋势和需求，更新和优化课程体系和内容，提升学生的专业水平和竞争力，使他们能够熟练和灵活地运用专业知识和技能，解决专业问题，创新专业产品和服务；四是推进跨学科和跨领域的教育，拓宽学生的学习视野和范围，增强学生的学习深度和广度，使他们能够跨越学科和领域的界限，整合和运用多元的知识和技能，应对和解决复杂的问题，创造和实现跨界的价值。

3. 社会能力教育

社会能力是指个人与他人和社会相处、合作和发展的能力，它是可持续发展能力的重要组成部分和表现形式。社会能力教育旨在培养学生的社会责任感和公民意识，以及与他人沟通、协作和竞争的能力，使他们能够适应和参与社会，贡献和服务社会，促进和改善社会。

社会能力教育可以通过以下方式进行：一是开展社会实践和服务学习活动，让学生走出校园，走进社会，参与社会的各种事务和问题，体验社会的多样性和复杂性，培养社会的敏感性和责任感，提升社会的能力和贡献；二是开展团队合作和项目学习活动，让学生在小组或班级的基础上，组成不同的团队，针对不同的主题或问题，进行协作和探究，体验团队的优势和挑战，培养团队的精神和意识，提高团队的效率和质量；三是开展竞赛和创业活动，让学生在校内或校外，参与各种形式和层次的竞赛，展示自己的才能和成果，体验竞争的压力和动力，培养竞争的素养和信心，提升竞争的水平和能力；四是开展文化和国际交流活动，让学生接触和了解不同的文化和国家，增进对自身和他人的认识和尊重，体验文化和国际的差异和共性，培养文化和国际的素养和意识，提高文化和国际的交流和合作的能力。

4. 时间管理教育

时间管理是一种有效地安排和利用时间的技能，它可以帮助人们提高工作效率，减少压力，平衡生活和工作，实现个人目标。时间管理对于职业院校的学生来说，尤为重要，因为他们需要在有限的时间内，完成学习、实习、就业等多重任务，同时还要保持身心健康。因此，职业院校应该教育学生如何制订合理的时间计划，如何区分优先级和紧急性，如何避免拖延和干扰，如何养成良好的时间习惯，如何评估和改进自己的时间管理水平。通过时间管理教育，职业院校的学生可以更好地掌控自己的时间，提高自己的学习和工作效果，为未来的职业生涯做好准备。

5. 心理健康教育

心理健康是指人们的情绪、思维和行为都处于正常和健康的状态，能够适应环境的要求，满足自己的需要，实现自己的潜能。心理健康对于职业院校的学生来说，也是非常重要的，因为他们面临着学习、就业、人际等方面的压力和挑战，容易出现焦虑、抑郁、自卑、冲动等心理问题。这些心理问题不仅会影响学生的学习和工作表现，还会危害学生的身体健康和社会关系。因此，职业院校应该教育学生如何认识和保护自己的心理健康，如何调节和表达自己的情绪，如何建立和维持自己的自信和自尊，如何处理和解决自己的心理困扰，如何寻求和接受专业的心理帮助。通过心理健康教育，职业院校的学生可以更好地了解和照顾自己的心理，提高自己的心理素质和适应能力，为未来的职业生涯做好准备。

6. 创新能力教育

创新能力是指人们发现和解决问题的能力，它包括创造性思维、批判性思维、分析性思维、合作性思维等多种思维方式和技能。创新能力对于职业院校的学生来说，更是至关重要的，因为他们需要在经济转型的过程中，不断适应新的需求和挑战，不断开拓新的领域和机会，不断创造新的价值和贡献。因此，职业院校应该教育学生如何培养和运用自己的创新能力，如何激发和发展自己的创造性思维，如何运用和提高自己的批判性思维，如何分析和解决自己的实际问题，如何与他人合作和交流自己的创新成果。通过创新能力教育，职业院校的学生可以更好地发挥自己的潜能，提高自己的创新水平和竞争力，为未来的职业生涯做好准备。

第四章 职业教育与产业协同创新发展的启示

第一节 发达国家职业教育管理体系

历史充分证明,职业教育对发达国家经济社会的发展发挥了极其重要的作用。我国正处在产业升级、经济转轨、社会转型的关键时期,走科教兴国之路与创新型国家之路是必然要求,这就要求为之准备丰富优质的知识精英与技术能手,二者缺一不可。为此,借鉴发达国家职业教育的成功经验,走一条适合我国国情的职业教育发展道路是一条必由之路。不同的国家和地区有不同国情,职业教育的发展模式也不可能相同,职业教育是多种因素共同作用的结果。但是,在发展职业教育事业上,各发达国家却有一个共同特点,那就是政府都发挥了不可替代的作用。本节选取德国、美国、澳大利亚三个国家为比较对象。

一、德国职业教育管理体系

(一)行政管理体制

德国是世界公认的制造业强国,工匠精神在德国得到了很好的传承和发展,这与德国一直高度重视职业教育密不可分。德国职业教育的基本模式是双元制,即学生在企业接受实践技能培训和在学校接受理论教育相结合的形式。德国职业教育的管理体制也是多元化的,涉及联邦、州、地区和行业等多个层面的主体,形成了一种责权明晰、各司其职、协调合作的机制。接下来将从以下四个方面介绍德国职业教育的行政管理体制。

1. 职业教育系统

德国职业教育系统包括四个层次:基础教育、高等教育、职业教育和继续教育。基础教育包括学前教育、初等教育和中等教育,是义务教育的主要内容。高等教育一般由国家兴办的大学和应用技术大学提供,是培养高层次人才的主要途径。职业教育旨在通过规范的教育过程传授从事合格的职业活动必需的职业技能、知识和能力,以及职业经验。职业教育又分为职业准备教育、职业教育、职业进修教育和职业改行教育。继续教育是指在完成基础教育、高等教育或职业教育后,为了保持、适应或扩展职业行动能力,或者为了职业升迁或转换而进行的教育。

德国职业教育系统的特点是,各类教育形式之间有互通性,学生可以根据自己的兴趣、能力和需求,在不同的教育层次和类型之间进行选择和转换。例如,接受了双元制职业培训的学生,也可以在经过一定时间的文化课补习后进入高等院校学习;反之,有许多已取得大学入学资格的普通教育毕业生也从头接受双元制职业培训,力求在大学之前获得一定的职业经历和经验。

2. 其他协调行政系统

德国职业教育的管理主体是多元化的,涉及联邦、州、地区和行业等多个层面。根据德国《基本法》的规定,各州享有包括教育在内的文化主权,各级各类学校属于各州主管,因此职业学校内的职业教育由各州负责,按照州《学校法》的规定实施;校外特别是企业性质的职业教育,属于联邦政府的主管范围,按照《联邦职业教育法》的规定实施。为保持教育政策在整体上一致,各州通过各州文教部长联席会议(KMK)协调教育政策。联邦政府虽然不负责职业学校的直接管理,但在职业教育的原则问题上,如涉及职教法规的修订、确定职教政策的基础原则等,起着统领和指导作用。

除了联邦和州两个层面的行政管理系统外,德国职业教育还有其他的协调机构,如联邦职业教育研究所(BIBB)、州职业教育委员会、各州文教部长联席会议下设的职业教育委员会等。这些机构的主要职能是协助联邦和州层面的主管部门解决关于职业教育的根本性和全局性问题,提供决策咨询、科学研究和监督指导等服务。

3. 联邦职业教育研究所和州职业教育委员会

联邦职业教育研究所(BIBB)是德国职业教育的重要机构,成立于1970年,是协助联邦层面解决职业教育问题设立的联邦级职业教育的决策咨询、科学研究和监督指导机构,编制超过630人,实际承担了"联邦职业教育部"的功能。BIBB的主要职责有以下五方面:

(1)参与制定和修订《联邦职业教育法》和其他相关法规,为联邦政府提供职业教育政策的建议和意见。

(2)协调和支持各行业协会和社会伙伴制定和更新职业教育标准,如培训条例、考核规定、课程大纲等。

(3)开展职业教育的基础研究、应用研究和国际比较研究,发布职业教育的统计数据、分析报告和发展趋势。

(4)促进职业教育的创新和改革,推动职业教育的国际化和欧洲化,参与国际组织和项目的合作和交流。

(5)监督和指导职业教育的实施和评价,提供职业教育的咨询和培训服务,支持职业教育的质量保证和提升。

州职业教育委员会是各州层面的职业教育协调机构,由州政府、州议会、州文教部、州经济部、州劳动部、州社会部、州工商会、州工会、州职业教育协会等组成,负责制定和执行州职业教育的政策和计划,协调各方的利益和需求,监督和评估州职业教育的质量和效果。

4. 各行业协会

行业协会和社会伙伴是德国职业教育的重要参与者和推动者,主要包括工商会、工匠协会、行业协会、工会、职业教育协会等。这些组织代表了各行业和职业的利益和需求,与政府部门和学校密切合作,参与职业教育的规划、制定、实施和评价等各个环节,保证职业教育的质量和适应性。行业协会和社会伙伴的主要职能有以下五方面:

(1)参与制定和修订职业教育的法律法规,提出职业教育的政策建议和意见,反映行业和职业的发展趋势和需求变化。

(2)参与制定和更新职业教育的标准和规范,如培训条例、考核规定、课程大纲等,保证职业教育的统一性和专业性。

(3)参与组织和实施职业教育的培训和考核,提供职业教育的咨询和指导,支持职业教育的质量保证和提升。

(4)参与职业教育的研究和创新,推动职业教育的国际化和欧洲化,参与国际组织和项目的合作和交流。

(5)参与职业教育的宣传和推广,提高职业教育的社会认可度和吸引力,促进职业教育的普及和发展。

(二)政府政策推进

在德国特殊的社会背景下,政府政策的导向对发展职业教育具有重大作用,德国职业教育取得的成就,有以下三项重大政策是起关键性作用的。

1. 职业教育义务教育政策

德国的义务教育年限为10年,分为初级教育和中等教育两个阶段。初级教育为4年,中等教育为6年,分为普通中学、实用中学和综合中学三种类型。普通中学主要培养基本的文化知识和技能,实用中学主要培养实用的文化知识和技能,综合中学则综合了普通中学和实用中学的课程,同时提供高等教育的入学资格。

德国的职业教育是中等教育的重要组成部分,占中等教育毕业生的约70%。德国政府规定,所有中等教育毕业生都必须参加职业教育,直到达到18岁或完成职业教育为止。这一政策旨在保证每个年轻人都能获得一定的职业资格,提高其就业竞争力和社会适应能力。德国的职业教育主要有两种形式:双元制职业教育和全日制职业教育。双元制职业教育是指学生在企业和职业学校交替学习,获得理论知识和实践技能的一种模式,占职业教育的约60%。全日制职业教育是指学生在职业学校全日制学习,获得专业知识和技能的一种模式,占职业教育的约40%。德国政府通过制定职业教育法、职业培训法等法律法规,规范了职业教育的内容、标准、程序和监督,保证了职业教育的质量和效果。

2. 职业培训政策

德国政府认识到,职业教育不仅是年轻人的教育,也是终生学习的一部分。随着科技的发展和市场的变化,职业教育需要不断更新和完善,以适应社会和经济的需求。因此,德国政府制定了一系列的职业培训政策,旨在提供给职业教育毕业生和在职人员更多的学习机会和资源,促进其职业发展和个人成长。德国的职业培训主要有以下几种形式:

职业进修:指职业教育毕业生或在职人员在职业学校或其他教育机构参加的进一步提高职业资格和技能的培训,如职业技师、职业大师等。

职业转换:指职业教育毕业生或在职人员因为失业、职业变化或其他原因,需要转换到另一个职业领域的培训,如从工业转到服务业等。

职业适应:指职业教育毕业生或在职人员因为技术更新、市场变化或其他原因,需要适应新的职业要求和环境的培训,如学习新的软件、设备或方法等。

职业补充:指职业教育毕业生或在职人员为了扩大自己的职业范围和能力,需要补充相关的职业知识和技能的培训,如学习外语、管理或营销等。

德国政府通过制定职业培训法、职业培训促进法等法律法规,为职业培训提供了法律保障和资金支持。德国政府还通过建立职业培训信息系统、职业培训咨询中心等机构,为职业培训提供了信息服务和咨询服务。此外,德国政府还与社会各界,尤其是企业和工会,密切合作,共同推动职业培训的发展和改革。

3. 企业鼓励政策

德国政府认为,企业是职业教育和培训的重要主体和合作伙伴,对于提高职业教育的质量和效率,培养高素质的技术人才,促进经济的发展和竞争力,具有不可替代的作用。因此,德国政府制定了一系列的企业鼓励政策,旨在激励和支持企业参与职业教育和培训,提高企业的社会责任和竞争力。德国的企业鼓励政策主要有以下几种形式:

税收优惠:指德国政府对于参与职业教育和培训的企业,给予一定的税收减免或退税,以降低企业的财务负担,增加企业的投入动力。例如,德国政府对于雇佣双元制职业教育学生的企业,给予每月150欧元的税收减免;对于参与职业培训的企业,给予税收优惠:指德国政府对于参与职业教育和培训的企业,给予一定的税收减免或退税,以降低企业的财务负担，增加企业的投入动力。例如，德国政府对于雇佣双元制职业教育学生的企业，给予每月150欧元的税收减免；对于参与职业培训的企业，给予每年4000欧元的税收退税。

资金补贴：指德国政府对于参与职业教育和培训的企业，提供一定的资金补贴或贷款，以支持企业的教育和培训项目，提高企业的教育和培训质量。例如，德国政府对于参与双元制职业教育的企业，提供每月300欧元的资金补贴；对于参与职业培训的企业，提供最高5000欧元的贷款。

人力资源支持：指德国政府对于参与职业教育和培训的企业，提供一定的人力资源支持，如教师、顾问、导师等，以帮助企业设计和实施教育和培训计划，提高企业的教育和培训效果。例如，德国政府对于参与双元制职业教育的企业，提供专业的职业教育教师和顾问；对于参与职业培训的企业，提供经验丰富的职业培训导师和指导员。

荣誉奖励：指德国政府对于参与职业教育和培训的企业，给予一定的荣誉奖励，如证书、奖杯、奖金等，以表彰企业的教育和培训贡献，提高企业的社会声誉和竞争力。例如，德国政府对于参与双元制职业教育的企业，颁发职业教育合作伙伴证书；对于参与职业培训的企业，颁发职业培训优秀企业奖。

德国政府通过制定和实施一系列的职业教育政策，推进了职业教育的发展和改革，为德国的经济和社会提供了强大的人力资源支撑。德国的职业教育政策值得其他国家借鉴和学习，以提高自己的职业教育水平和效果。

（三）立法保障

第二次世界大战战后德国非常重视通过法律手段来管理职业教育，制定并实施了一系列法律法规，形成了完善的职业教育法律体系，如表4-1所示。

第一，职业教育基本法。对德国职业教育做整体和原则性规定。
第二，职业教育单行法。有了基本法的总体约束，还要对具体问题进行法律规范。
第三，各种规章。进一步管理规范职业教育。
第四，相关法规。涉及与职业教育发展相关联的各种法规。

表4-1 德国职业教育立法体系

职业教育法律体系	基本法	《联邦职业教育法》
	单行法	《职业培训的个人促进法》《职业教育促进法》等
	各种规章	《实训教师资格条例》《职业教育基础阶段工业企业内实训时间与职业学校课时计划原则》《培训者规格条例》《改进青年培训各种的规章》《农业职业教育基础阶段实训与课堂教学时间计划原规章则》《公职系统职业教育基础阶段实训与课堂教学时间计划原则》《培训章程和考试规则》《家政职业教育基础阶段实训与课堂教学时间计划原则》等
	相关法规	《企业基本法》《企业章程法》《手工业条例》《青年劳动保护相关法》《工商业联合会权利暂行规定》《州学校法》《劳动资助法规和社会补助法》等

以上法律法规是一个完整的体系，职业教育法为基本法，是职业教育其他法律法规的

依据，单行法是职业教育法的具体实施，行政规章和相关法规作为职业教育法与单行法的有效补充，并为其开辟新的道路，创造新的条件。德国职业教育法律体系建设的具体做法是：职业教育基本法由国家职业教育主管部门制定，联邦政府立法机关审议并颁布，是职业教育根本法，从国家层面对职业教育做总原则规定，体现了职业教育基本法的权威性。职业教育其他法律法规由职业教育管理专业部门制定，再由联邦政府专业部门审议颁布，体现了实施职业教育基本法的专业性和可操作性。各地方职业培训章程等法规由各专业部门制定发布，体现了因地制宜、因时制宜的特点。德国职业教育法规对职业教育的目的，包括初始职业教育目的、职业进修教育目的、改行职业培训目的三个层次都做了明确规定。初始职业教育目的又分三方面的规定：一是职业教育总目的，二是职业教育培训综合目的，三是职业教育单一技术工种教育培训目的。总目的作为总体性概括，单一工种的目的具体明确，结合综合培训目的，整个德国职业教育统一、灵活，按照目的这个逻辑起点实施科学管理，职业教育培养出的人才能够最大可能地与社会需要相匹配。

（四）财政支持

德国的职业教育系统的运行和发展，需要有相应的财力支持。按照德国联邦政府职业教育法及其他法律法规的规定，职业教育经费主要来源渠道是联邦、州政府及企业。职业学校的经费由地方和州政府共同负担。通常是州政府负担教职工的工资和养老金等人事费用，地方政府负担校舍及设备的建筑与维修费用，以及管理人员的工资等人事费用。企业的职业教育经费完全由企业自己负担。企业除了负担培训设施、器材等费用外，还必须支付学徒工在整个培训期间的津贴和实训教师的工资。

1. 政府方面的财政支持

政府方面，对于公立职业学校，州政府一般承担教职员工的工资和养老金等人事开支。地方办学机构负责校舍、设备等基础设施，以及一般维修和管理人员的工资等人事费用，州政府按照不同情况给予财政补贴。国家承认的私立职业学校，州政府按照相关规章制度给予各种补贴（学徒培训和企业继续教育的经费由企业承担）。

政府对职业教育的财政支持，主要体现在以下五个方面：

(1)制定和实施职业教育法律法规，规范和保障职业教育的质量和水平，为职业教育的发展提供法律保障和政策指导。

(2)设立和管理职业教育基金，为职业教育的改革和创新提供资金支持，促进职业教育的适应性和灵活性，满足社会和经济的需求。

(3)支持和推动职业教育的国际合作，参与和组织各种国际组织和项目，借鉴和引进国外的先进理念和经验，提高职业教育的国际化水平和影响力。

(4)促进和协调职业教育的多元化发展，支持和鼓励各种形式和类型的职业教育机构的建设和发展,尊重和保护职业教育的多样性和特色,满足不同群体和个体的职业教育需求。

(5)关注和保障职业教育的公平性和普惠性,为弱势群体和地区提供更多的职业教育机会和资源,消除职业教育的不平等和歧视,实现职业教育的社会效益和公共价值。

2. 企业方面的财政支持

企业方面,企业作为职业教育的主体和受益者,承担了职业教育的主要经费。企业除了负担培训设施、器材等费用外,还必须支付学徒工在整个培训期间的津贴和实训教师的工资。企业对职业教育的财政支持,主要体现在以下五个方面:

(1)参与和制定职业教育的标准和课程,根据企业的实际需求和发展方向,确定和调整职业教育的目标和内容,保证职业教育的针对性和有效性。

(2)提供和组织职业教育的实践环节,为学徒提供实习和实训的场所和条件,安排和指导学徒的实际工作和学习,评估和考核学徒的技能和表现,保证职业教育的实用性和质量。

(3)培养和选拔职业教育的师资队伍,从企业的在职员工中选派和培训合格的实训教师,为学徒提供专业和经验的指导和帮助,保证职业教育的专业性和水平。

(4)支持和促进职业教育的创新和发展,根据市场和技术的变化和发展,不断更新和完善职业教育的内容和方法,为学徒提供更多的学习和发展的机会,保证职业教育的先进性和竞争力。

(5)关注和保障职业教育的效益和回报,通过职业教育培养和吸收优秀的技术人才,提高企业的生产效率和质量,增强企业的竞争力和发展潜力,实现职业教育的经济效益和社会效益。

3. 社会方面的财政支持

社会方面,社会作为职业教育的参与者和监督者,也为职业教育的财政支持做出了贡献。社会对职业教育的财政支持,主要体现在以下三个方面:

(1)提供和扩大职业教育的需求和市场,通过各种方式和机制,为职业教育的毕业生提供就业和创业的机会和条件,增加职业教育的吸引力和回报,保证职业教育的就业率和收入水平。

(2)支持和鼓励职业教育的参与和学习,通过各种政策和措施,为职业教育的学习者提供学费减免、奖学金、贷款等经济支持,降低职业教育的门槛和负担,保证职业教育的可及性和可持续性。

(3)关注和保护职业教育的权益和地位,通过各种法律和制度,为职业教育的学习者和从业者提供平等的待遇和保障,消除职业教育的偏见和歧视,实现职业教育的尊严和价值。

(五)职业教育研究支撑

德国职业教育研究对德国职业教育的发展有不可估量的作用,没有科学的调查研究就不可能科学决策。德国职业教育的每一项法律法规、政策方针,都是建立在科学研究的基础之上的。例如,德国职业教育法是德国职业教育的基本法,它规定了德国职业教育的目标、内容、结构、标准、质量、管理、监督等方面的内容,它是德国职业教育的法律依据和指导原则。德国职业教育法的制定和修订,都是在广泛的研究和咨询的基础上进行的,它反映了德国职业教育研究的最新成果和最新趋势,它也体现了德国职业教育的特点和优势。德国职业教育法最初于1969年颁布,后经过多次修订,最近一次是在2019年,以适应德国职业教育的新形势和新需求。德国职业教育法的修订,都是在德国职业教育研究的指导和支持下进行的,它借鉴了德国职业教育研究的相关理论和实证,也吸收了德国职业教育研究的相关建议和意见。

德国职业教育的每一项改革措施的施行,都是建立在调查研究的基础之上的。例如,德国职业教育的核心改革之一,就是推行双元制,即将职业教育分为两个部分,一部分是在企业进行的实践性的培训,另一部分是在职业学校进行的理论性的教育,两者相互补充,形成一个完整的职业教育体系。双元制的推行,是在德国职业教育研究的支持下进行的,它基于德国职业教育研究的以下认识:一是职业教育应该与市场需求相结合,以提高职业教育的针对性和有效性;二是职业教育应该与实践相结合,以提高职业教育的操作性和实用性;三是职业教育应该与理论相结合,以提高职业教育的系统性和创新性。双元制的推行,也是在德国职业教育研究的监督下进行的,它依据德国职业教育研究的以下方法:一是进行定期的评估和反馈,以检验双元制的效果和问题;二是进行持续的改进和调整,以优化双元制的内容和结构;三是进行广泛的交流和合作,以借鉴双元制的经验和模式。

二、美国职业教育管理体系

(一)职业教育管理体系

美国职业教育管理体系是一个分散而复杂的体系,涉及联邦、州、地方和私营部门的多个层次和机构。美国没有一个统一的职业教育法律或政策,也没有一个专门的职业教育部门或机构。美国职业教育的特点是多样性、灵活性、开放性和竞争性,反映了美国社会的多元化和市场化。

1. 美国职业教育的主要类型

(1)公立高中的职业教育课程,主要面向10~12年级的学生,提供基础的职业技能和知识,以及一般教育的内容。这些课程通常与当地的社区大学、技术学院或行业组织合作,提供实习、学徒或双学位的机会。

（2）社区大学或技术学院，主要面向高中毕业生或成人学习者，提供为期两年或更短的职业证书或副学士学位，以及转学到四年制大学的途径。这些学校通常与当地的雇主、行业协会或政府机构合作，提供需求导向的职业教育和培训，以及就业服务和辅导。

（3）四年制大学或大学的职业教育课程，主要面向高中毕业生或转学生，提供为期四年或更长的职业学士学位或研究生学位，以及一般教育的内容。这些课程通常与国家或国际的雇主、行业组织或研究机构合作，提供高水平的职业技能和知识，以及创新和创业的能力。

（4）私立的职业学校或培训机构，主要面向成人学习者，提供为期几个月或几年的职业证书或文凭，以及就业保障或援助。这些学校或机构通常与特定的行业或职业领域相关，提供专业化的职业教育和培训，以及认证或资格的考试。

2. 美国职业教育的主要管理者

（1）联邦政府，主要负责制定和执行职业教育的总体目标和方针，提供职业教育的资金和监督，以及协调各州和地方的职业教育活动。联邦政府的主要职业教育机构有教育部、劳工部、商务部、农业部、国防部、能源部、卫生与公众服务部、住房与城市发展部、退伍军人事务部、交通部、国土安全部等。

（2）州政府，主要负责制定和执行职业教育的具体政策和规划，提供职业教育的资金和支持，以及监督和评估各地方的职业教育质量和效果。州政府的主要职业教育机构有教育厅、劳工厅、商务厅、农业厅、卫生与公众服务厅、环境保护厅、能源厅、交通厅等。

（3）地方政府，主要负责实施和管理职业教育的运行和服务，提供职业教育的设施和人员，以及与当地的社区、雇主、行业和其他利益相关者合作。地方政府的主要职业教育机构有教育局、劳工局、商务局、农业局、卫生与公众服务局、环境保护局、能源局、交通局等。

（4）私营部门，主要负责提供和参与职业教育的内容和方式，提供职业教育的需求和反馈，以及与公共部门的职业教育机构合作。私营部门的主要职业教育机构有雇主、行业协会、专业组织、认证机构、培训机构、咨询机构等。

（二）立法保障

美国职业教育的立法保障主要体现在联邦层面的法律和法规，以及州层面的法案和法令。这些法律和法规为美国职业教育的发展和改革提供了指导和支持，也为美国职业教育的参与者和利益相关者提供了权利和义务。

美国职业教育的主要立法保障有以下四个方面：

1. 职业教育的目标和任务

美国职业教育的目标和任务是为美国的经济、社会和国家安全提供有竞争力的劳动力，为美国的个人和群体提供平等的教育机会和生活质量,以及为美国的创新和发展提供知识和技能。这些目标和任务在联邦法律中有明确的规定,如《史密斯—休斯法案》(1917)、《乔治—布登法案》(1936)、《卡尔·D. 帕金斯职业教育法案》(1984)、《职业教育和技能发展法案》(1998)、《职业教育和技能发展改进法案》(2006)等。

2. 职业教育的资金和分配

美国职业教育的资金主要来自联邦政府、州政府、地方政府和私营部门的拨款、税收、捐赠、贷款、奖学金等。美国职业教育的资金分配主要遵循以下原则:按照职业教育的层次和类型分配;按照职业教育的需求和效果分配;按照职业教育的公平和透明分配;按照职业教育的监督和评估分配。

3. 职业教育的内容和标准

美国职业教育的内容和标准主要由各个职业教育提供者根据自身的特点和目标,以及市场的需求和变化来确定和调整。美国职业教育的内容和标准通常包括以下几个方面:职业教育的课程和课时;职业教育的教学方法和手段;职业教育的教师和教材;职业教育的考试和评估;职业教育的认证和资格。

4. 职业教育的监督和评估

美国职业教育的监督和评估主要由各个职业教育管理者和参与者,以及第三方的机构和专家来进行和参与。美国职业教育的监督和评估通常包括以下几个方面:职业教育的质量和效果;职业教育的投入和产出;职业教育的满意度和反馈;职业教育的改进和创新。

(三)财政支持

1. 联邦政府

联邦政府是美国职业教育的最大的财政支持者,主要通过《帕金斯法》为各州和地方提供资金和指导。《帕金斯法》目的是改善职业教育的质量和效果,增加学生的参与和成就,促进职业教育与学术教育的整合,支持职业教育的创新和改革,强化职业教育与劳动市场的联系,提高职业教育的问责性和评估性。《帕金斯法》每隔几年就会进行修订和更新,以适应时代的变化和社会的需求。最新的版本是2018年通过的《帕金斯法第五修正案》,该法案为2019年至2024年的职业教育提供了约120亿美元的资金,增加了对特殊群体的支持,强调了与当地雇主和行业的合作,鼓励了职业教育的创新和现代化,提高了职业教育的灵活性和适应性。

2. 州政府

州政府是美国职业教育的第二大财政支持者,主要通过制定州级的职业教育法规和政策,分配联邦政府的资金,设立州级的职业教育机构和委员会,监督和评估职业教育的实施和效果,为职业教育提供指导和协调。不同的州有不同的职业教育的财政支持方式和标准，一般根据职业教育的类型，学生的人数，学校的规模，地区的经济状况，行业的需求等因素进行分配和调整。一些州还会通过征收专项税收，设立专项基金，发行债券，吸引私人捐赠等方式为职业教育增加财政支持。

3. 地方政府

地方政府是美国职业教育的第三大财政支持者，主要通过建立和管理地方的职业教育机构，如职业高中、职业技术学院、社区学院等，为职业教育提供场地、设备、教师、课程、证书等资源，与当地的雇主和行业进行合作和沟通，为职业教育提供需求分析和就业服务，为职业教育的学生提供奖学金、助学金、贷款等资助。地方政府的财政支持主要来自州政府的拨款、地方税收、学费收入、私人捐赠等。

4. 其他方面

除了政府的财政支持外，美国职业教育还有其他方面的财政支持，如：

（1）雇主和行业：雇主和行业是职业教育的重要合作伙伴，他们通过提供实习、培训、就业、资助、设备、指导等方式为职业教育提供财政支持，同时也从职业教育中获得合格的员工和技术创新。

（2）非政府组织：非政府组织是职业教育的重要支持者，他们通过提供研究、咨询、倡导、监督、评估、网络、奖励等方式为职业教育提供财政支持，同时也从职业教育中获得社会效益和公共利益。

（3）个人和家庭：个人和家庭是职业教育的重要参与者，他们通过支付学费、购买教材、参加活动、提供反馈等方式为职业教育提供财政支持，同时也从职业教育中获得知识、技能、证书、就业、收入等利益。

三、澳大利亚职业教育管理体系

（一）职业教育管理特点

1. 国家统一标准

澳大利亚职业教育管理体系是一个国家统一的体系，由联邦政府和各州政府共同制定和实施。澳大利亚职业教育管理体系的核心是澳大利亚学历资格框架（AQF），它是一个包含10个级别的资格体系，涵盖了从基础教育到博士学位的所有教育领域。AQF为澳大利亚的教育提供了一个清晰的结构和路径，保证了教育的质量和一致性，促进了教育的互认和转换，增加了教育的灵活性和多样性。

2. 行业参与和需求导向

澳大利亚职业教育管理体系是一个以行业为主导，以需求为导向的体系，充分反映了劳动市场的变化和需求。澳大利亚职业教育管理体系的另一个核心是培训包（training package），它是一套由行业组织制定的职业标准和培训要求，包括了职业资格、职业技能单元、评估指南和培训资源。培训包为澳大利亚的职业教育提供了一个以能力为基础，以结果为导向的框架，保证了职业教育的相关性和适应性，促进了职业教育的创新和发展。

3. 分权和协作

澳大利亚职业教育管理体系是一个分权和协作的体系，充分尊重和利用了各方的资源和优势。澳大利亚职业教育管理体系的主要参与者包括联邦政府、各州政府、行业组织、教育机构、雇主、学生和社区等。这些参与者在职业教育的规划、制定、实施、评估和改进等方面都有不同的职责和权力，同时也通过各种机制和平台进行沟通和协调，形成了一个有效的合作网络。

（二）立法保障

1. 教育法律法规

澳大利亚职业教育管理体系的法律基础是澳大利亚教育法（Australian Education Act），它是一部涵盖了澳大利亚所有教育领域的综合性法律，规定了教育的目标、原则、责任、资金、评估和监督等方面的内容。澳大利亚教育法为澳大利亚职业教育管理体系提供了一个统一的法律框架，保障了职业教育的合法性和权威性。

2. 职业教育法律法规

澳大利亚职业教育管理体系的法律支撑是澳大利亚技能质量法，它是一部专门针对澳大利亚职业教育的法律，规定了职业教育的质量标准、注册要求、监督机制、处罚措施和申诉渠道等方面的内容。澳大利亚技能质量法为澳大利亚职业教育管理体系提供了一个具体的法律支撑，保障了职业教育的质量和信誉。

3. 相关法律法规

澳大利亚职业教育管理体系的法律补充是澳大利亚资格框架法和澳大利亚培训包法，它们是两部分别针对澳大利亚职业教育管理体系的两个核心组成部分的法律，规定了资格框架和培训包的制定、修订、实施和评估等方面的内容。这两部法律为澳大利亚职业教育管理体系提供了一个完善的法律补充，保障了职业教育的结构和内容。

（三）财政支持

1. 政府拨款

政府拨款是指政府直接向职业教育机构提供的资金，用于支持职业教育的运营、发展和改革。政府拨款的来源包括联邦政府和各州政府。学生贷款：这是指政府为职业教育的学生提供的一种贷款，用于支付他们的学费和其他相关费用。学生贷款的特点是，学生只有在毕业后，且收入达到一定的水平时，才需要开始偿还贷款。学生贷款的来源包括联邦政府和各州政府，根据不同的资格和条件，提供不同的贷款计划。例如，联邦政府提供了以下三种贷款计划：

（1）学生贷款：这是一种针对高级文凭和职业研究生证书的学生的贷款，最高可以贷款2.6万澳元，用于支付他们的学费。这种贷款的利率是固定的，与通货膨胀率相同，且没有申请费或其他费用。学生只有在他们的收入达到每年4.6万澳元时，才需要开始偿还贷款，每年偿还的金额根据他们的收入水平而定，最低为1%，最高为10%。

（2）职业教育和培训贷款：这是一种针对学习文凭和高级文凭的学生的贷款，最高可以贷款1万澳元，用于支付他们的学费。这种贷款的利率是固定的，与通货膨胀率相同，且没有申请费或其他费用。学生只有在他们的收入达到每年4.6万澳元时，才需要开始偿还贷款，每年偿还的金额根据他们的收入水平而定，最低为1%，最高为10%。

（3）职业教育和培训贷款扩展计划：这是一种针对证书Ⅳ的学生的贷款，最高可以贷款5000澳元，用于支付他们的学费。这种贷款的利率是固定的，与通货膨胀率相同，且没有申请费或其他费用。学生只有在他们的收入达到每年4.6万澳元时，才需要开始偿还贷款，每年偿还的金额根据他们的收入水平而定，最低为1%，最高为10%。

2. 补贴和奖学金

补贴和奖学金是指政府为职业教育的学生提供的一种无须偿还的资金，用于支持他们的学习和生活。补贴和奖学金的来源包括联邦政府和各州政府，根据不同的目标和条件，提供不同的补贴和奖学金计划。例如，联邦政府提供了以下三种补贴和奖学金计划：

（1）学徒补贴：这是一种针对学徒和雇主的补贴，用于鼓励他们参与学徒制度，提高学徒的就业和技能水平。学徒补贴的金额根据学徒的资格和行业而定，最高可以达到4000澳元。雇主补贴的金额根据雇主的规模和行业而定，最高可以达到6000澳元。

（2）职业教育和培训奖学金：这是一种针对从事特定行业或职业的学生的奖学金，用于支付他们的学费和其他相关费用。职业教育和培训奖学金的金额根据学生的资格和需求而定，最高可以达到5万澳元。

（3）职业教育和培训学生支持：这是一种针对低收入或特殊困难的学生的补贴，用于支付他们的生活费和其他相关费用。职业教育和培训（VET）学生支持的金额根据学生的收入和情况而定，最高可以达到每周3700澳元。

四、发达国家职业教育管理体系的借鉴与启示

以上对德国、美国、澳大利亚三国的职业教育进行了细致描述，这三国的职业教育是世界的标杆。我国对三国职业教育的研究也最为广泛，其中以介绍研究成果最多。我国与三国在职业教育上有过相关的合作，特别是德国"双元制"的引进曾经一度成为教育焦点，但直到今日，仍没有有力的证据证明我国在职业教育模式引进上是成功的。德国处于欧洲大陆，美国处于北美大陆，澳大利亚处于大洋洲，各国的职业教育模式均有各自特点。但

从上文可以获知,发达的职业教育背后有一些共同特点,本章的目的也是要从中窥视其共同特点,为我国职业教育的发展提供一些借鉴与启发。

(一)政府重视,将职业教育与社会进步、国家富强紧密联系

发达国家的政府高度重视职业教育的地位和作用,将职业教育作为国家发展战略的重要内容,与社会进步、国家富强紧密联系。例如,德国的职业教育是其经济奇迹的重要支撑,被誉为"德国模式"的双元制职业教育,将学校教育和企业实训有机结合,培养了大量的高素质的技术工人和技术专家,为德国的工业化和现代化提供了人才保障。美国的职业教育是其创新能力的重要源泉,美国的社区大学和职业技术学院,为各行各业提供了灵活多样的教育服务,培养了大量的创新型人才,为美国的科技领先和经济繁荣提供了动力。

(二)完整的法律法规体系和与时俱进的政府政策支持

发达国家的政府不仅重视职业教育的战略地位,而且制定了完整的法律法规体系,为职业教育的发展提供了法制保障。例如,德国的《职业教育法》《职业培训法》《职业教育促进法》等,规范了职业教育的目标、内容、标准、组织、管理、评估、资助等方面,为职业教育的质量和效率提供了保障。美国的《职业教育法》《高等教育法》《职业教育和技能发展法》等,明确了职业教育的定位、方向、范围、要求、机制、措施等方面,为职业教育的多样化和创新提供了保障。

发达国家的政府不仅制定了完整的法律法规体系,而且根据社会经济发展的变化,不断调整和完善政府政策,为职业教育的发展提供了政策支持。例如,德国的政府根据国际竞争和技术变革的需要,推出了"职业教育2020""职业教育4.0"等政策,旨在提升职业教育的国际化和数字化水平,增强职业教育的适应性和前瞻性。美国的政府根据社会需求和人才市场的变化,推出了"职业教育卓越计划""职业教育创新和机会网络"等政策,旨在提高职业教育的质量和效益,增强职业教育的竞争力和影响力。日本的政府根据人口老龄化和社会分化的挑战,推出了"职业教育改革计划""职业教育终身化推进计划"等政策,旨在提升职业教育的包容性和持续性,增强职业教育的公益性和社会性。

(三)多元的利益相关者参与,形成职业教育的合作共赢机制

发达国家的职业教育不仅得到了政府的重视和支持,而且得到了多元的利益相关者的参与,形成了职业教育的合作共赢机制。例如,德国的职业教育是由政府、企业、工会、学校、社会组织等多方共同参与和管理的,形成了一种"共同责任"的模式,使得职业教育能够充分反映和满足各方的利益和需求,实现了职业教育的协调和平衡。美国的职业教育是由政府、学校、企业、社区、个人等多方共同参与和推动的,形成了一种"多元化"

的模式,使得职业教育能够提供和适应各种的教育机会和人才需求,实现了职业教育的多样化和创新。

(四)政府主导的多渠道经费保证

发达国家的职业教育经费来源主要有三个渠道:政府拨款、社会捐赠和学费收入。其中,政府拨款是最主要的来源,占到总经费的60%以上,体现了政府对职业教育的高度重视和支持。政府拨款的方式有两种:一是按照学生人数和课程类型分配,二是按照学校的绩效和质量评估分配。这两种方式既保证了职业教育的普惠性和公平性,又激励了职业教育的效率和质量提升。

社会捐赠和学费收入是职业教育的补充性经费来源,占到总经费的40%左右,体现了社会各界对职业教育的参与和贡献。社会捐赠主要来自企业、基金会、个人等,既有无偿的捐款,也有有偿的合作项目。这些捐赠不仅增加了职业教育的经费,也增强了职业教育与社会的联系和互动,促进了职业教育的服务性和适应性。学费收入主要来自学生和家庭,既有全额的学费,也有部分的奖学金和助学金。这些学费不仅减轻了政府的财政负担,也增加了学生和家庭对职业教育的投入和责任,促进了职业教育的质量和效益。

发达国家职业教育的多渠道经费保证,为职业教育的发展提供了充足的资源和保障,也为职业教育的改革和创新提供了有利的条件和动力。对我国职业教育的借鉴和启示是:一是要加大政府对职业教育的投入和支持,建立稳定的财政拨款机制,保证职业教育的基本运行和发展。二是要拓宽职业教育的经费来源,鼓励和引导社会各界对职业教育的捐赠和合作,增加职业教育的社会资本和社会效益。三是要合理制定和调整职业教育的学费标准,建立健全的奖助体系,保证职业教育的公平性和可持续性。

(五)统一严格的国家职业资格制度与师资保障

发达国家的职业教育以培养具有国家认可的职业资格的人才为目标,建立了统一严格的国家职业资格制度,规范了职业教育的内容和标准,保证了职业教育的质量和效果。国家职业资格制度的主要内容包括:一是制定和更新职业标准,明确各个职业的知识、技能和能力要求,作为职业教育的教学依据和评价依据。二是建立和完善职业资格证书,分为不同的等级和类别,反映各个职业的水平和范围,作为职业教育的输出和就业的凭证。三是实施和监督职业资格考试,采用统一的考试大纲和考试方式,评价和认定职业教育的学习成果和职业能力,作为职业教育的质量保证和社会认可。

发达国家的职业教育以提高具有国家认可的职业资格的师资为保障,建立了高效专业的师资保障体系,提升了职业教育的教学水平和教学质量。师资保障体系的主要内容包括:一是制定和执行师资标准,要求职业教育的教师不仅要具备相应的学历和专业背景,还要具备相应的职业资格和工作经验,作为职业教育的教师资格的基本条件。二是开展和推广师资培训,通过各种形式的培训和研修,提高职业教育的教师的教学能力和职业能力,作为职业教育的教师发展的重要途径。三是建立和完善师资激励,通过各种形式的评价和奖励,激发职业教育的教师的教学热情和职业荣誉,作为职业教育的教师保障的有效手段。

发达国家职业教育的统一严格的国家职业资格制度与师资保障,为职业教育的质量和效果提供了强有力的支撑和保证,也为职业教育的改革和创新提供了有力的指导和推动。对我国职业教育的借鉴和启示是:一是要加强国家职业资格制度的建设和完善,统一和规范职业教育的内容和标准,提高职业教育的质量和效果。二是要加强职业教育的师资培养和保障,提高职业教育的教师的专业水平和职业素养,提升职业教育的教学水平和教学质量。三是要加强职业教育的师资激励和评价,激励和奖励职业教育的教师的教学创新和职业发展,保持职业教育的教师的活力和动力。

第二节 职业教育校企合作对接机制的启示

一、完备的职业教育法律法规体系为校企合作对接奠定了法律基础

德国职业教育法律法规体系是校企合作对接的重要保障,它规定了职业教育的目标、内容、标准、组织、管理、监督、评价等方面的具体细则,明确了学校和企业在职业教育中的权利和义务,以及相互之间的协调和配合的方式和程序。德国职业教育法律法规体系的核心是《职业教育法》,它是德国职业教育的基本法,制定于1969年,经过多次修订,最新版本是2019年的。《职业教育法》规定了德国职业教育的基本原则,如双元制,即学生在学校和企业交替学习,获得理论知识和实践技能;社会伙伴制,即学校和企业以及政府、工会、行业协会等社会各方共同参与职业教育的决策和实施;职业资格制,即学生通过考试获得国家认可的职业资格证书,以便在劳动市场上得到公平的竞争和流动。《职业教育法》还规定了职业教育的具体内容,如职业教育的种类、层次、期限、课程、考试、证书等;职业教育的组织,如学校和企业的配合、分工、协议、监督等;职业教育的管理,如职业教育委员会、职业教育协会、职业教育局等机构的职责、权限、组成等。除了《职业教育法》,德国还有其他一些法律法规,如《手工业法》《职业培训促进法》《职业教育统计法》等,都是对职业教育的补充和完善,构成了德国职业教育法律法规体系的完整框架。

二、"五层对接"机制是人才、资本、技术、文化转移的技术手段

德国职业教育校企合作对接的实质是人才、资本、技术、文化的转移,即学校和企业通过各种方式和渠道,实现人才的培养和使用、资本的投入和回报、技术的创新和应用、文化的传承和发展。为了实现这一目标,德国职业教育形成了"五层对接"机制,即政策对接、制度对接、课程对接、教师对接、学生对接。具体来说:

(1)政策对接,是指学校和企业以及政府、工会、行业协会等社会各方,在职业教育的目标、方向、规划、标准等方面达成一致,形成共识,制定合理的政策和措施,保证职业教育的质量和效果。政策对接的主要平台是职业教育委员会,它是由政府、工会、行业协会等代表组成的咨询和协调机构,负责职业教育的规划、监督、评价等事务。

(2)制度对接,是指学校和企业根据职业教育法律法规体系,建立和完善各自的职业教育制度,如招生、培训、考核、就业、继续教育等,同时,学校和企业之间也签订相应的合作协议,明确双方的权利和义务,规范双方的行为,保障双方的利益。制度对接的主要形式是职业教育协议,它是由学生、学校和企业三方签订的法律文件,规定了学生的学习内容、时间、地点、方式、费用、待遇、保险、福利等,以及学校和企业的教学、培训、管理、监督、评价等职责。

(3)课程对接,是指学校和企业根据职业教育的目标和标准,共同制定和实施职业教育课程,使课程内容和形式与劳动市场的需求和变化相适应,使学生能够在学校和企业交替学习,获得理论知识和实践技能,提高职业素养和竞争力。课程对接的主要依据是职业教育大纲,它是由政府、工会、行业协会等社会各方共同制定的法律文件,规定了每个职业的名称、定义、内容、要求、期限、考试、证书等,以及学校和企业的教学、培训、协作等要求。

(4)教师对接,是指学校和企业的教师之间进行交流和合作,共同参与职业教育的设计、实施和评估,互相学习和借鉴,提高教学和培训的质量和水平。教师对接的主要方式是教师互换,即学校的教师定期到企业实习,了解企业的生产、管理、技术、文化等情况,更新自己的知识和技能,同时,企业的教师也定期到学校讲课,传授企业的经验、方法、理念等,增强学生的职业意识和适应能力。

(5)学生对接,是指学校和企业通过各种形式和渠道,为学生提供学习、实习、就业、创业等机会和服务,使学生能够在学校和企业之间顺利地转换角色,实现自身的发展和价值。学生对接的主要途径是职业教育局,它是由政府、工会、行业协会等社会各方共同设立的机构,负责职业教育的咨询、指导、安排、协调、支持等事务,为学生提供职业教育的信息、建议、匹配、监督、评价等服务。

三、职业教育协会是校企合作对接的重要推动者

德国职业教育协会是德国职业教育校企合作对接的重要推动者,它是由企业、学校、政府、工会、行业协会等社会各方自愿组成的非营利性组织,旨在促进职业教育的发展和改革,提高职业教育的质量和效率,增强职业教育的影响力和竞争力。德国职业教育协会的主要职能有以下四个方面:

(1)研究和分析职业教育的现状和趋势,提出职业教育的目标和策略,制定职业教育的计划和项目,推动职业教育的创新和改进。

(2)协调和整合职业教育的资源和力量,建立和维护职业教育的合作和交流网络,促进职业教育的合作和交流,增加职业教育的效益和效果。

(3)培训和指导职业教育的教师和管理者,提高职业教育的教学和管理水平,增强职业教育的专业性和实效性。

(4)宣传和推广职业教育的理念和成果,提高职业教育的社会认可度和吸引力,增强职业教育的公信力和影响力。

四、"专业—产业"无缝对接机制促进校企深度融合

德国职业教育的专业设置和课程内容,都是根据产业需求和发展趋势来确定的,而不是由教育部门或学校单方面制定的。德国有一个专门的机构,叫作联邦职业教育与培训委员会,它是由政府、工会、雇主协会和职业院校代表组成的,负责制定和更新职业教育的标准和规范,包括专业名称、学习目标、课程大纲、考核方法等。这些标准和规范,都是基于对产业现状和未来需求的调查和分析,以及与相关企业和行业协会的广泛协商,反映了市场和社会的真实需求。这样,学生在职业院校学习的专业和课程,就能与企业的岗位和技能要求无缝对接,提高了学生的就业竞争力和适应能力,也满足了企业的人才需求和发展战略。

五、企业在职业教育中的主体地位为校企对接破除瓶颈

德国的职业教育,不是由政府或学校单独提供的,而是由政府、学校和企业共同参与和承担的。德国的职业学生,一般要在职业院校和企业之间交替学习,每周大约有一半的时间在企业实习,一半的时间在学校上课。企业不仅提供实习岗位和指导老师,还要为学生支付一定的工资和社保,同时也要遵守职业教育的标准和规范,保证学生的学习质量和权益。这样,企业就成了职业教育的主要投资者和受益者,也就更有动力和责任与学校合作,为学生提供优质的实习环境和机会,培养合格的职业人才。同时,企业也可以通过实习,了解和选拔优秀的学生,为自己的人才储备和更新提供保障。

六、职业院校之间的合作机制与教育层次的对接

德国的职业教育，不是一个封闭的体系，而是与普通教育和高等教育相互衔接的。德国的职业院校，分为两种类型，一种是职业学校，主要提供基础的职业教育，与企业实习相结合，培养初级的职业技能；另一种是职业技术学院，主要提供高级的职业教育，与企业合作开展项目，培养高级的职业技能和管理能力。这两种类型的职业院校，不是孤立的，而是通过一种叫作"职业教育联盟"的合作机制，实现了课程的衔接和学分的互认，使得学生可以在不同的职业院校之间转换和升学，也可以进入高等教育的学习。这样，职业教育就不再是一个死胡同，而是一个开放的平台，为学生提供了多样的学习路径和发展机会。

第三节 新型职业教育机构运行机制的启示

在美国，最早的职业教育机构是专为成人开设的家庭作坊式的职业学校，规模小、数量少。1996年，联邦教育部修订《高等教育法》后，以营利为目标的新型职业教育机构正式纳入高等教育系统，发展迅速。美国新型职业教育机构之所以能够驶入发展的快车道，主要原因在于其运行机制的独特作用。

一、目标机制

美国的教育体系一直面临着诸多挑战，如高昂的学费、低下的就业率、不匹配的技能需求等。为了应对这些问题，近年来，一些新型的职业教育机构在美国兴起，它们以创新的模式和方法，为学生提供更灵活、更实用、更高效的职业教育和培训服务。这些机构的运行的目标机制主要包括以下两个方面：

（一）经济目标：追求经济效益最大化

新型职业教育机构的经济目标是追求经济效益最大化，即在有限的资源和成本下，实现最大的收入和利润。为了达到这个目标，这些机构采取了以下策略：

（1）选择高需求、高回报的职业领域，如编程、数据分析、数字营销等，作为教育和培训的重点，以吸引更多的学生和雇主的关注和认可。

（2）采用在线或混合式的教学模式，利用互联网和数字技术，提供更便捷、更个性化、更互动的学习体验，同时节省了实体教室、教材、设备等的开支。

（3）与企业和行业合作，建立紧密的联系和沟通，了解和满足他们的技能需求和标准，

为学生提供更实际、更贴近市场的课程内容和项目实践,同时为他们提供更多的就业机会和推荐。

(4)采用收入共享协议或其他形式的后付费制度,即学生在完成课程并找到满意的工作后,才按照一定的比例或金额向机构支付学费,这样既降低了学生的财务压力,又增加了机构的收入潜力,同时也激励了机构提高教学质量和就业率。

(二)教育目标:发展职业技能

新型职业教育机构的教育目标是发展职业技能,即通过教育和培训,帮助学生掌握和提升在特定职业领域所需的知识、技能和能力,以提高他们的竞争力和就业前景。为了达到这个目标,这些机构采取了以下策略:

(1)采用项目导向的教学方法,即以实际的项目或案例为核心,让学生在解决问题的过程中,学习和运用相关的理论和技术,同时培养他们的分析、创新、协作、沟通等软技能。

(2)采用个性化的教学计划,即根据学生的背景、目标、兴趣和进度,为他们制定和调整合适的学习路径和速度,同时提供个性化的指导和反馈,以帮助他们克服困难和提升效果。

(3)采用实践性的教学评估,即以学生的项目成果、技能水平、就业情况等为主要的评价标准,而不是以传统的考试、分数、证书等为依据,以更真实地反映和证明他们的学习成果和能力。

(4)采用持续性的教学支持,即在学生完成课程后,仍然为他们提供相关的资源、工具、网络、机会等,以帮助他们继续学习和发展,同时为他们提供职业规划、求职指导、职业发展等方面的咨询和服务。

二、动力机制

驱动新型职业教育机构快速发展的核心驱动力来自两个方面的合力:一是联邦政府教育政策的扶持;二是流动性社会资本的反哺。

(一)政策扶持

美国政府对于新型职业教育机构的态度是积极的,认为它们能够为经济增长和社会进步提供人才支持和创新动力。因此,政府在多个层面上给予了这些机构政策上的扶持和激励,包括以下三个方面:

1. 资金支持

政府通过各种渠道为新型职业教育机构提供资金支持,如设立专项基金、提供贷款担保、减免税收等。例如,美国教育部在2015年推出了"教育创新和实验项目"(EQUIP),旨在为非传统的教育提供者和高等教育机构之间的合作提供联邦学生援助资金,以帮助更多的学生获得高质量的职业教育。截至2020年,该项目已经批准了8个试点项目,涉及编程训练营、在线课程平台、职业认证机构等多种新型职业教育机构。

2. 法规放宽

政府通过修改或制定相关的法规,为新型职业教育机构提供更多的自主权和灵活性,以适应市场的变化和需求。例如,美国教育部在2019年发布了《创新和现代化的高等教育法规》(Innovation and Modernization of Higher Education Regulations),旨在为高等教育机构和新型教育提供者之间的合作创造更多的机会,以及为在线教育和非学历教育提供更多的认可和支持。该法规对于学分转换、学习成果评估、学生援助资格等方面都做了相应的调整和优化,以鼓励更多的创新和多样化的教育模式。

3. 质量保障

政府通过建立或完善相关的质量保障体系,为新型职业教育机构提供更多的信任和认可,以提高其在社会和市场上的影响力和竞争力。例如,美国教育部在2017年成立了"高等教育创新委员会"(HEIC),旨在为非传统的教育提供者提供一种新的质量保障机制,以便它们能够获得联邦学生援助资金和其他政府支持。该委员会由教育部、州政府、认证机构和教育专家等多方代表组成,负责审查和批准符合创新和质量标准的教育项目,以及监督和评估其运行和效果。

(二)社会资本反哺

社会资本是指社会中存在的各种有利于合作和交流的资源和关系,如信任、规范、网络等。新型职业教育机构在运行的过程中,不仅需要依赖社会资本,也能够创造和积累社会资本,从而形成一种良性的循环和反哺,包括以下三个方面:

1. 学生反馈

新型职业教育机构的学生是其最重要的利益相关者,他们的反馈和评价对于机构的声誉和发展至关重要。学生通过参与机构的教育活动,不仅能够获得知识和技能,也能够建立信任和友谊,形成一个有凝聚力和影响力的社区。学生通过各种渠道,如社交媒体、口碑传播、在线评价等,为机构提供正面的反馈和推荐,从而吸引更多的潜在学生,扩大机构的影响范围和市场份额。同时,学生也会对机构提出建设性的意见和建议,帮助机构改进和优化其教育内容和服务,提高其教育质量和效果。

2. 企业合作

新型职业教育机构的目标是为企业提供合格的人才,因此,与企业的合作是其运行的重要组成部分。机构通过与企业建立合作关系,不仅能够了解企业的需求和期望,也能够获得企业的支持和认可。机构通过与企业共同设计和开发教育项目,以及提供定制化的教育服务，能够提高其教育的针对性和实用性，满足企业的人才需求。机构通过与企业建立就业渠道和招聘平台，能够提高其教育的就业率和回报率，增加学生的满意度和忠诚度。同时，机构也会从企业获得反馈和评价，帮助机构调整和更新其教育内容和方法，适应市场的变化和发展。

3. 社会认同

新型职业教育机构的使命是为社会提供有价值的教育，因此，获得社会的认同和尊重是其运行的重要目标。机构通过与社会各界建立沟通和交流，不仅能够展示其教育的理念和成果，也能够获得社会的支持和赞誉。机构通过与政府、媒体、公益组织、学术机构等合作，能够提高其教育的公信力和影响力，为社会的进步和发展做出贡献。机构通过与社会各界分享其教育的经验和教训，能够提高其教育的透明度和责任感。

三、决策机制

新型职业教育机构的决策机制表现为产权所有者与决策者之间二权分立。

（一）二权分立的结构

新型机构的运行的决策机制主要由两个部分构成：教学部门和运营部门。教学部门负责设计和实施教学计划、课程内容、教学方法、评估标准等，以保证教学质量和效果。运营部门负责管理和优化机构的财务、人力、市场、招生、就业等方面，以保证机构的可持续发展和竞争力。这两个部门相互独立，各自拥有自己的决策权和责任，形成了一种二权分立的结构。

二权分立的结构有利于新型机构的灵活性和创新性。教学部门可以根据教育理念和市场变化，快速调整和更新教学内容和方式，不受过多的行政或财务的干预。运营部门可以根据机构的战略目标和资源状况，有效地分配和利用各种资源，不受过多的教学或质量的限制。这样，新型机构可以更好地适应和引领职业教育的发展趋势，满足不同类型和层次的学员的需求。

（二）二权分立的委托代理关系

尽管新型机构的二权分立的结构有其优势，但也存在一些潜在的问题。教学部门和运营部门的决策目标和标准可能不一致，甚至相互冲突。教学部门可能更关注教学的品质和水平，而运营部门可能更关注机构的收入和利润。这就导致了一种委托代理关系，即教学部门是运营部门的委托人，运营部门是教学部门的代理人。运营部门需要为教学部门提供必要的资源和支持，以实现教学部门的目标。教学部门需要为运营部门提供必要的信息和反馈，以实现运营部门的目标。

然而，在实际的运行过程中，委托代理关系可能出现一些问题，如信息不对称、利益冲突、道德风险等。信息不对称是指教学部门和运营部门之间的信息交流不充分或不准确，导致双方对彼此的决策和行为缺乏了解和信任。利益冲突是指教学部门和运营部门之间的利益目标不一致或相互排斥，导致双方在决策和行为上出现分歧和抵触。道德风险是指教学部门或运营部门在决策和行为上偏离了双方的契约或期望，导致双方在决策和行为上出现失责和欺诈。

为了解决这些问题，新型机构需要建立一套有效的监督和激励机制，以协调和平衡教学部门和运营部门之间的关系。监督机制是指通过制定和执行一些规则和标准，对教学部门和运营部门的决策和行为进行监督和评估，以保证双方的合规和质量。激励机制是指通过提供和调整一些奖励和惩罚，对教学部门和运营部门的决策和行为进行激励和约束，以保证双方的合作和效率。这样，新型机构可以更好地实现教学和运营的协同和优化，提高机构的整体绩效和竞争力。

四、发展机制

（一）开源为主：规模发展

新型职业教育机构的核心竞争力在于它们能够提供与市场需求紧密对接的职业技能培训，帮助学习者快速提升自己的就业竞争力和收入水平。为了实现这一目标，这些机构采取了开源为主的策略，即通过扩大规模，增加收入，实现可持续发展。

具体来说，这些机构的开源策略主要包括以下三个方面：

1. 拓展市场

新型职业教育机构不仅针对传统的高中毕业生或大学生，还针对在职人员、退伍军人、失业人员等广泛的群体，提供不同层次和领域的职业技能培训，以满足不同的学习需求和目标。这些机构还利用网络平台，打破地域限制，拓展全国乃至全球的市场，吸引更多的学习者。

2. 优化课程

新型职业教育机构注重课程的质量和效果，不断优化和更新课程内容和形式，以适应市场的变化和学习者的需求。这些机构通常与行业领先的企业和专家合作，设计和开发符合行业标准和趋势的课程，涵盖各种热门和前沿的领域，如编程、数据分析、人工智能、数字营销等。这些机构还采用项目式、实战式、沉浸式的教学方法，让学习者在实际的工作场景中学习和应用所学的知识和技能，提高学习的效率和效果。

3. 强化服务

新型职业教育机构不仅提供教学服务，还提供就业服务，帮助学习者顺利地从学习转向工作。这些机构通常与众多的雇主和招聘平台建立合作关系,为学习者提供就业机会、推荐信、简历优化、面试辅导等服务,提高学习者的就业率和满意度。这些机构还提供持续的学习支持和职业发展指导,帮助学习者在职业生涯中不断进步和成长。

通过这些开源策略,新型职业教育机构能够吸引更多的学习者,提高学习者的付费意愿和忠诚度,增加自身的收入和利润,实现规模发展。

(二)节流为辅:降低成本

新型职业教育机构在开源的同时,也注重节流,即通过降低成本,提高效率,优化运营。这些机构采取了节流为辅的策略,即通过利用技术、优化管理、创新模式等方式,降低运营成本,提高运营效率。

具体来说,这些机构的节流策略主要包括以下三个方面:

1. 利用技术

新型职业教育机构充分利用现代信息技术,如互联网、云计算、大数据、人工智能等,来提升教学和运营的质量和效率。这些机构通过在线平台,实现教学资源的共享和分配,降低教学成本,提高教学覆盖率;通过数据分析,实现教学效果的评估和改进,提高教学质量,提高学习者的满意度;还通过人工智能,实现教学内容的个性化和智能化,提高教学效果,提高学习者的参与度和留存率。

2. 优化管理

新型职业教育机构注重管理的简化和精细化,通过优化组织结构、流程、制度等,提高管理效率和效果。这些机构通常采用扁平化的组织结构,减少管理层级,提高决策速度和执行力;采用标准化和自动化的流程,减少人工干预,提高运营速度和准确性;还采用灵活和透明的制度,激励和监督员工的绩效,提高员工的积极性和责任感。

3. 创新模式

新型职业教育机构不断创新自己的商业模式和收费模式,以适应市场的变化和学习者的需求。这些机构通常采用多元化的商业模式,如B2C、B2B、B2G等,以满足不同类型的客户的需求,拓展自己的收入来源;还采用灵活化的收费模式,如按课程收费、按项目收费、按就业收费等,以满足不同层次和领域的学习者的需求,增加自己的收入潜力。

通过这些节流策略,新型职业教育机构能够降低自身的运营成本,提高自身的运营效率,优化自身的运营状况。

新型职业教育机构的运行的发展机制是开源为主,规模发展;节流为辅,降低成本。这种机制使得这些机构能够在竞争激烈的教育市场中,以创新的模式和理念,为学习者提供更优质、更实用、更高效的教育服务,实现自身的发展和壮大。

新型职业教育机构的运行的发展机制,不仅为自身带来了良好的经济效益,也为社会带来了积极的社会效益。这些机构为学习者提供了更多的学习机会和选择,提高了学习者的教育水平和就业能力,促进了学习者的个人发展和社会贡献;也为企业提供了更多的人才资源和合作伙伴,提高了企业的创新能力和竞争力,促进了企业的发展和社会进步;还为政府提供了更多的政策建议和支持,提高了政府的教育管理和服务水平,促进了政府的改革和社会治理。

新型职业教育机构的运行的发展机制,是教育创新的一个典型代表,也是教育发展的一个重要方向。随着社会的变化和学习者的需求的多样化,这种机制有望在未来的教育领域中发挥更大的作用和影响。

第四节 健全的职教与产业协同发展案例启示

职业教育与产业的协同发展需要法律的保障,校企合作需要法律的支持。宁波等地校企合作在短短的两年多时间里积累了不少经验,其实践经验给其他各地发展职业教育带来很多启示。

一、浙江宁波设立国家职业教育与产业协同创新试验区

2013年11月28日,教育部正式同意宁波市设立国家职业教育与产业协同创新试验区,希望宁波市立足服务浙江海洋经济发展战略、宁波创新驱动发展战略和区域经济转型发展,进一步完善试验区方案。要充分发挥政府主导作用,强化行业指导、企业参与,以深化产教融合、校企合作为重点,着力推进职业教育与产业协同创新的制度创新和机制建设,切实做好试验区各项工作,努力构建具有区域特色的现代职业教育体系,为国家职业教育制度建设积累经验,为加快发展现代职业教育作出贡献。

宁波是浙江省的重要城市,也是中国东部沿海的重要港口。宁波拥有丰富的产业资源和人才基础,是国家制造业和互联网双创示范基地,也是国家高端装备制造业和新材料产业基地。为了适应新时代的经济发展需求,宁波积极探索职业教育与产业协同创新的新模式,打造国家职业教育与产业协同创新试验区。

(一)推进校地合作共建,服务区域经济发展

宁波市委市政府高度重视职业教育的发展,将其作为提升城市竞争力和创新力的重要抓手,出台了一系列的政策措施,支持职业院校与企业、行业、园区等产业主体深度合作,

共建共享各类资源，共同培养高素质的技术技能人才。宁波市还建立了职业教育与产业协同创新的工作机制，设立了专门的领导小组和办公室，统筹协调各方面的工作，定期开展评估和督导，确保试验区的顺利推进。

宁波市的职业院校积极响应市委市政府的号召，主动对接产业发展的需求，与企业、行业、园区等产业主体建立了多种形式的合作关系，共同开展人才培养、科技创新、社会服务等方面的工作。例如，宁波职业技术学院与宁波国家高新区签订了战略合作协议，共建了智能制造技术研究院，为高新区的企业提供技术支持和人才培训；宁波工程学院与宁波市轨道交通集团有限公司合作，共建了轨道交通工程技术研究院，为轨道交通的建设和运营提供技术服务和人才储备；宁波城市职业技术学院与宁波市文化广电旅游局合作，共建了文化旅游产业研究院，为文化旅游产业的发展提供智力支持和人才培养。

通过校地合作共建，宁波市的职业教育与产业协同创新试验区有效地服务了区域经济的发展，为宁波市的产业转型升级、创新驱动发展、高质量发展提供了有力的人才保障和技术支撑。

（二）强化行业指导办学，提升专业服务产业能力

宁波市的职业教育与产业协同创新试验区不仅注重与地方政府的合作，也注重与行业协会、行业企业、行业专家等行业主体的合作，强化行业指导办学，提升专业服务产业的能力。

宁波市建立了职业教育与行业协同创新的工作机制，邀请行业协会、行业企业、行业专家等参与职业教育的规划、建设、管理、评估等各个环节，充分发挥行业的主导作用和引领作用。宁波市还建立了职业教育与行业协同创新的奖励机制，对参与职业教育的行业协会、行业企业、行业专家等给予政策支持和资金补贴，激励他们积极参与职业教育的发展。

宁波市的职业院校积极利用行业资源，与行业协会、行业企业、行业专家等建立了紧密的合作关系，共同开展专业建设、课程开发、教学实践、师资培训、技能鉴定、技能竞赛等方面的工作。例如，宁波大红鹰学院与中国汽车工程学会、中国汽车维修行业协会等合作，共建了汽车工程学院，为汽车行业的发展培养了大批的高素质人才；宁波教育学院与中国教育学会、中国教师教育学会等合作，共建了教育学院，为教育行业的改革和发展提供了理论研究和实践探索；宁波商务职业技术学院与中国国际贸易促进委员会、中国商业联合会等合作，共建了商务学院，为商务行业的创新和发展提供了专业服务和人才培养。

通过强化行业指导办学，宁波市的职业教育与产业协同创新试验区有效地提升了专业服务产业的能力，为宁波市的产业结构优化、产业链延伸、产业竞争力提升提供了有力的专业支持和人才支持。

(三)搭建协同创新平台,服务大战略大产业

宁波市充分利用国家和省级的政策机遇,积极申报和参与国家和省级的重大项目和计划,为职业教育与产业协同创新提供了政策支持和资金支持。例如,宁波市成功申报了国家职业教育改革试点城市、国家职业教育与产业协同创新试验区、国家职业教育教学资源库建设项目、国家职业教育教师培训基地、国家职业教育教学改革示范项目、国家职业教育教学质量提升工程等国家级的项目和计划;宁波市的职业教育与产业协同创新试验区的实践,为我国职业教育的改革和发展提供了有益的启示,主要有以下三点:

1. 高度重视职业教育的地位和作用

将职业教育作为推动经济社会发展的重要力量,为职业教育与产业协同创新提供良好的政策环境和制度保障。宁波市委市政府高度重视职业教育的发展,出台了一系列的政策措施,支持职业院校与产业主体的深度合作,为职业教育与产业协同创新提供了强有力的政策支持和资金支持。这些政策措施不仅体现了宁波市对职业教育的重视,也体现了宁波市对产业发展的重视,为职业教育与产业协同创新创造了良好的外部条件。

2. 充分发挥职业教育的专业优势和服务功能

将职业教育作为服务产业发展的重要平台,为职业教育与产业协同创新提供优质的专业服务和人才培养。宁波市的职业院校充分发挥了自身的专业优势和服务功能,与产业主体建立了多种形式的合作关系,共同开展人才培养、科技创新、社会服务等方面的工作,为产业发展提供了优质的专业服务和人才培养。这些合作关系不仅体现了职业教育的专业性和服务性,也体现了职业教育的创新性和开放性,为职业教育与产业协同创新提供了有效的内部动力。

3. 紧密对接国家和省级的战略和产业

将职业教育作为引领职业教育与产业协同创新的重要方向,为职业教育与产业协同创新提供广阔的发展空间和发展机遇。宁波市紧密对接国家和省级的战略和产业,积极申报和参与国家和省级的重大项目和计划,为职业教育与产业协同创新提供政策支持和资金支持。这些项目和计划不仅体现了宁波市对国家和省级的战略和产业的对接,也体现了宁波市对职业教育与产业协同创新的引领,为职业教育与产业协同创新提供了广阔的发展空间和发展机遇。

(四)深化体制机制改革,加快培养技术技能人才

宁波市通过建立市、区、校、企四级联动的职教管理体系,实现了职教的顶层设计和基层落实。宁波市通过制定《宁波市职业教育与产业协同创新试验区建设方案》,明确了职教与产业协同创新的目标、任务、措施和保障,为职教与产业协同创新提供了政策指引和法规支持。宁波通过建立职教与产业协同创新的专项资金,加大了对职教与产业协同创新的

财政投入和激励,为职教与产业协同创新提供了经济保障和动力。宁波市通过建立职教与产业协同创新的评价体系,完善了对职教与产业协同创新的监督和考核,为职教与产业协同创新提供了质量保证和反馈。宁波市通过深化体制机制改革,加快培养技术技能人才,为职教与产业协同创新打下了坚实的基础。

(五)推动校企紧密合作,深化产教深度融合

宁波市通过建立校企合作的平台和机制,促进了校企之间的信息交流和资源共享,为产教深度融合提供了有效的载体和途径。宁波市通过建立校企共建的专业和课程,实现了校企共同参与的教学内容和教学方式,为产教深度融合提供了有力的内容和形式。宁波市通过建立校企共育的师资和人才,实现了校企共同培养的教师和学生,为产教深度融合提供了优质的师资和人才。宁波市通过建立校企共享的设施和平台,实现了校企共同利用的实训基地和创新中心,为产教深度融合提供了先进的设施和平台。宁波市通过推动校企紧密合作,深化产教深度融合,为职教与产业协同创新创造了良好的条件。

二、扶沟"职教中心+产业集聚区"模式

(一)扶沟职教模式的内涵

扶沟县是河南省的一个农业大县,面临着人口老龄化、农业增效困难、产业结构单一等问题。为了实现乡村振兴和产业转型升级,扶沟县提出了"职教中心+产业集聚区"模式,即以职业教育为核心,打造十个特色产业集聚区,形成产教融合、校企合作、人才培养、技术创新、社会服务的综合体系,实现职教与产业的协同发展。

扶沟职教模式的主要特点有:

职教中心是扶沟职教模式的核心,是扶沟县职业教育的统筹和管理机构,也是扶沟县职业教育的品牌和标志。职教中心下设十个职业学院,分别对应十个产业集聚区,负责各自产业的人才培养、技术创新、社会服务等职能。

十产业集聚区是扶沟职教模式的支撑,是扶沟县产业转型升级的重点领域,也是扶沟县职业教育的实践基地。十产业集聚区分别是:现代农业产业集聚区、食品加工产业集聚区、生物医药产业集聚区、新能源汽车产业集聚区、智能制造产业集聚区、文化旅游产业集聚区、健康养老产业集聚区、电子商务产业集聚区、金融服务产业集聚区、现代物流产业集聚区。这十个产业集聚区涵盖了扶沟县的传统优势产业和新兴战略产业,具有较强的发展潜力和市场需求。

产教融合是扶沟职教模式的特色,是扶沟县职业教育的核心理念,也是扶沟县职业教育的有效途径。产教融合是指职业教育与产业发展的紧密结合,通过校企合作、订单培养、

工学交替、双师制等方式,实现教育内容、教学方法、教学资源、教学评价等方面的改革创新,提高职业教育的质量和效益,满足产业发展的人才需求,促进产业发展的技术进步。

(二)扶沟职教城建设经验

扶沟职教城是扶沟职教模式的载体,是扶沟县职业教育的集中展示,也是扶沟县职业教育的重要成果。扶沟职教城位于扶沟县城东部,占地约10平方公里,规划建设了职教中心、十个职业学院、十个产业集聚区、职教公共服务中心、职教科技园、职教生活区等功能区,形成了一个集职业教育、产业发展、科技创新、社会服务、生态环保于一体的综合型职教城。

扶沟职教城建设的主要经验有:

1. 政策执行力强

扶沟职教城建设是扶沟县委、县政府的重大战略决策,是扶沟县"十三五"规划的重点项目,是扶沟县乡村振兴和产业转型升级的重要举措。扶沟县委、县政府高度重视职教城建设,成立了以县委书记为组长的职教城建设领导小组,制定了职教城建设的总体规划、年度计划、专项方案等文件,明确了职教城建设的目标、任务、责任、进度、保障等要求,确保了职教城建设的顺利推进。

2. 协同产业集聚区建设

扶沟职教城建设与扶沟县产业发展紧密结合,以职教中心为核心,以十个产业集聚区为支撑,实现了职教与产业的协同发展。扶沟县在职教城内引进了一批与职教相关的优质企业,形成了以企业为主体、以职教为支撑的产业集聚区,为职教城提供了强大的产业支撑和市场需求。同时,扶沟县通过职教城为产业集聚区提供了高素质的人才、先进的技术、优质的服务,为产业集聚区提供了强劲的动力和保障。

3. 创新产、学、研机制

扶沟职教城建设注重产、学、研的深度融合,以职教中心为平台,以十个职业学院为依托,以十个产业集聚区为对象,建立了以企业为主导、以学校为支撑、以科研机构为协作的产、学、研机制,实现了职教与科技创新的协同发展。扶沟县通过职教城促进了企业、学校、科研机构的交流合作,共同开展了一批与职教相关的科技项目、科技成果、科技平台、科技人才等,为职教城提供了强有力的科技支撑和创新动力。

三、我国职教与产业协同发展的启示

首先,我国职业教育法律体系在现阶段面临着一些不适应职业教育发展的规定,需要进行改革。例如,我国现行的《职业教育法》是在1996年制定的,距今已有28年,与时代变化和职业教育实际需求存在较大差距。一方面,该法规定的职业教育的目标、内容、形式、层次、管理等方面,已经不能满足职业教育的多样化、开放化、灵活化、国际化的发展趋势,也不能适应职业教育的质量提升、创新驱动、服务导向、社会参与的发展要求。另一方面,该法没有明确规定职业教育的法律地位、法律保障、法律责任等方面,也没有对职业教育的重要领域和关键环节进行具体的法律规范,导致职业教育的法律效力、法律约束、法律保护等方面存在不足。因此,我国应该尽快修订《职业教育法》,以适应职业教育的新形势、新任务、新挑战,为职业教育的健康发展提供法治保障。

其次,我国职业教育法律体系在长远考虑上应该建立一个完整、高效、有序的法律体系,以规范和指导职业教育的各个方面和层面。目前,我国职业教育法律体系还比较零散、分散、不协调,缺乏系统性、统一性、协调性,影响了职业教育的法治化、规范化、科学化。为了构建一个完整、高效、有序的职业教育法律体系,我国应该按照立法层级、立法范围、立法内容、立法程序等方面进行合理的设计和安排。具体而言,应该以宪法为根本,以《职业教育法》为核心,以相关的法律、行政法规、部门规章、地方性法规、规范性文件等为补充,形成一个完备的职业教育法律体系;应该根据职业教育的性质、特点、功能、目标等,确定职业教育的立法范围,涵盖职业教育的各个层次、类型、领域、环节等,避免立法空白、重复、冲突等问题;应该根据职业教育的发展规律、发展需求、发展方向等,确定职业教育的立法内容,明确职业教育的基本原则、基本制度、基本政策、基本标准等,保证职业教育的质量、效益、公平、可持续等;应该根据职业教育的实际情况、社会意见、专家建议等,确定职业教育的立法程序,采取科学的立法方式、方法、步骤、形式等,提高职业教育的立法质量、效率、权威、适应性等。

最后,我国职业教育法律体系在针对性上应该建立一个职教与产业协同发展的单行法律,以促进职业教育与产业的深度融合和互动发展。职业教育与产业是相互依存、相互促进、相互影响的关系,职业教育要为产业提供人才支撑,产业要为职业教育提供发展动力。然而,我国职业教育与产业之间还存在着一些不协调、不匹配、不对接的问题,如职业教育的供给与产业的需求不相适应,职业教育的培养与产业的用人不相符合,职业教育的评价与产业的认可不相一致等,影响了职业教育的服务能力和服务质量,也影响了产业的转型升级和创新发展。为了解决这些问题,我国应该制定一个专门针对职教与产业协同发展的单行法律,从法律层面上规范和推动职教与产业的合作机制、合作模式、合作内容、合作效果等,搭建一个职教与产业的共同体、共赢体、共生体,实现职教与产业的双向赋能、双向促进、双向发展。

综上所述,我国职业教育法律体系的建设与完善是一个长期的、复杂的、系统的工程,需要从多个角度、多个层面、多个方面进行思考和实践。我国应该根据职业教育的现状和未来,改革一些不适应职业教育发展的规定,建立一个完整、高效、有序的职业教育法律体系,建立一个职教与产业协同发展的单行法律,为职业教育的发展提供法治保障,为国家的发展提供人才支撑。

第五章 职业教育与产业协同创新发展的路径

职教与产业协同发展机制的关键点是校企合作。当前校企合作仍存在一系列问题,其中,因校企属于不同社会领域,核心利益并不相同,校企合作深度不足问题最为突出,严重阻碍了职教发展。如何破解职教与产业协同发展这一难题,破解校企合作就成为当务之急。

第一节 职业教育与产业协同发展路径探讨

一、针对职业教育致命弱点开"药方"

职业教育的致命弱点是与产业脱节,即职业教育的培养目标、课程设置、教学内容、评价标准等与产业的需求、变化、发展等不相适应,导致职业教育的输出与产业的输入不匹配,造成人才的浪费和缺失。针对这一弱点,需要开出以下几个"药方":

(一)建立产教融合的培养模式

产教融合是指职业教育与产业的深度融合,即职业教育的各个环节都与产业的需求和发展相衔接,形成一种互动、互补、互促的关系。产教融合的培养模式包括以下几个方面:一是以产业需求为导向,确定职业教育的培养目标和规格,及时调整和更新职业教育的专业设置和人才规划;二是以产业标准为依据,制定职业教育的课程体系和教学大纲,确保职业教育的教学内容和方法与产业的实际情况和先进水平相一致;三是以产业实践为载体,实施职业教育的工学结合和校企合作,增加职业教育的实训和实习比例,提高职业教育的实践性和针对性;四是以产业评价为参考,建立职业教育的质量保障和监测机制,采用产业认证和就业率等指标,评估职业教育的教学效果和社会效益。

(二)构建产教共享的资源平台

产教共享是指职业教育与产业的资源共享,即职业教育和产业在人才、设备、场地、资金、信息等方面进行互利互惠的交流和合作,形成一种共建、共享、共赢的局面。产教共享的资源平台包括以下几个方面:一是建立人才共享机制,实现职业教育和产业的人才互通和互补,促进教师和学生的双向流动和交流,提升教师的专业素养和学生的就业能力;二是建立设备共享机制,实现职业教育和产业的设备互用和互借,促进教学和生产的设备协调和更新,提高设备的利用率和效益;三是建立场地共享机制,实现职业教育和产业的场地互换和互访,促进校内和校外的场地互动和拓展,提高场地的使用率和价值;四是建立资金共享机制,实现职业教育和产业的资金互投和互补,促进教育和产业的资金协调和优化,提高资金的投入率和回报率;五是建立信息共享机制,实现职业教育和产业的信息互通和互动,促进教育和产业的信息协作和创新,提高信息的获取率和应用率。

(三)培育产教共生的文化氛围

产教共生是指职业教育与产业的文化共生,即职业教育和产业在理念、价值、目标、规范等方面进行相互理解和尊重,形成一种和谐、融洽、共进的关系。产教共生的文化氛围包括以下几个方面:一是树立产教一体的理念,认识到职业教育和产业的密切联系和互相依赖,摒弃传统的教育和产业的隔阂和对立,实现教育和产业的思想统一和目标一致;二是提升产教合作的价值,认识到职业教育和产业的合作对于国家、社会、企业、学校、个人的多重利益,克服传统的教育和产业的利益分歧和冲突,实现教育和产业的利益协调和共享;三是明确产教互动的目标,认识到职业教育和产业的互动对于人才培养、技术创新、产业发展、社会进步的重要作用,消除传统的教育和产业的目标模糊和偏离,实现教育和产业的目标明确和契合;四是遵守产教协作的规范,认识到职业教育和产业的协作需要遵循一定的原则、规则、程序、标准等,解决传统的教育和产业的规范缺失和混乱的问题,实现教育和产业的规范完善和遵守。

二、靠制度建设推进校企深入合作

校企合作是职业教育与产业协同发展的重要途径和有效手段,是产教融合作是职业教育与产业协同发展的重要途径和有效手段,是产教融合的具体实现形式。校企合作的目的是实现职业教育和产业的双向互动和优化配置,提高职业教育的质量和效率,促进产业的转型升级和创新发展。然而,我国的校企合作还存在着一些问题和障碍,如合作主体不明确、合作内容不深入、合作机制不健全、合作效果不显著等,这些问题影响了校企合作的深

度和广度,制约了校企合作的发展和效果。因此,需要靠制度建设推进校企深入合作,具体包括以下几个方面:

(一)明确校企合作的主体责任

校企合作的主体包括职业学校、企业、政府、行业协会等,各主体在校企合作中应该承担相应的责任和义务,形成合力和协同。职业学校作为校企合作的主导方,应该主动对接产业需求,调整专业设置,完善课程体系,优化教学资源,提高教学质量,培养适应产业发展的高素质人才。企业作为校企合作的参与方,应该积极参与人才培养,提供实训实习场所,提供设备设施,提供技术指导,提供就业岗位,提供人才培训,提供资金支持,提供信息反馈。政府作为校企合作的推动方,应该制定有利于校企合作的政策法规,提供有利于校企合作的财政税收、行政服务、监督评估、宣传引导。行业协会作为校企合作的协调方,应该搭建校企合作的平台,提供校企合作的信息、咨询、培训、认证。

(二)丰富校企合作的内容形式

校企合作的内容形式包括人才培养、技术创新、产业服务、资源共建等,各内容形式在校企合作中应该相互支持和促进,形成多元和全面。人才培养是校企合作的核心内容,应该实现校企双向选派、校企双向培训、校企双向考核、校企双向认证、校企双向就业等,提高人才培养的针对性和有效性。技术创新是校企合作的重要内容,应该实现校企共同研发、校企共同转化、校企共同申报、校企共同保护、校企共同分享等,提高技术创新的水平和效率。产业服务是校企合作的延伸内容,应该实现校企共同诊断、校企共同规划、校企共同咨询、校企共同培训、校企共同评估等,提高产业服务的质量和价值。资源共建是校企合作的基础内容,应该实现校企共建基地、校企共建平台、校企共建团队、校企共建项目、校企共建品牌等,提高资源共建的规模和效益。

(三)完善校企合作的机制保障

校企合作的机制保障包括合作协议、合作组织、合作激励、合作评价等,各机制保障在校企合作中应该相互配合和完善,形成规范和有效。合作协议是校企合作的契约保障,应该明确校企合作的目的、内容、形式、责任、权利、义务、期限、费用、风险、解决等,保障校企合作的合法性和合理性。合作组织是校企合作的管理保障,应该建立校企合作的领导小组、工作小组、专家小组、联络小组等,明确校企合作的职责、权限、流程、制度等,保障校企合作的顺畅性和高效性。合作激励是校企合作的动力保障,应该建立校企合作的奖励机制、惩罚机制、考核机制、评优机制等,激发校企合作的积极性、主动性、创造性等,保障校企合作的活力和持续性。合作评价是校企合作的监督保障,应该建立校企合作的评价指标、评价方法、评价程序、评价结果等,客观、公正、科学地评价校企合作的过程和效果,保障校企合作的质量和改进。

三、加大行业在校企合作中的话语权

校企合作是职业教育的核心特征和优势,是实现职业教育与产业协同发展的重要途径。校企合作可以实现教育资源的共享、教学内容的更新、教学方法的改进、教学质量的提高、学生就业的促进、企业发展的支持等多重效益。然而,目前我国的校企合作还存在一些问题,如合作意愿不强、合作形式单一、合作效果不明显、合作机制不健全等。其中,一个重要的原因是行业在校企合作中的话语权不足,导致校企合作的需求不匹配、目标不一致、标准不统一、评价不公正等。因此,要加大行业在校企合作中的话语权,需要做到以下三点:

(一)加强行业组织的建设和作用

行业组织是行业内企业的代表和协调者,是校企合作的桥梁和纽带,是职业教育的参与者和推动者。行业组织应该积极参与职业教育的规划、制定、实施、监督、评价等各个环节,反映行业的需求,提出行业的建议,制定行业的标准,组织行业的培训,推动行业的创新等。行业组织应该加强与政府、学校、社会等各方的沟通和协作,形成有效的校企合作网络和平台,促进校企合作的深入和广泛。

(二)增加行业在职业教育的投入和回报

行业应该根据自身的发展需要和特点,合理确定对职业教育的投入和回报的比例和方式,既要支持职业教育的发展,又要享受职业教育的成果。行业应该提供更多的实习、实训、就业、创业等机会和条件,为职业教育提供更多的人才、技术、设备、场地、资金等资源,为职业教育提供更多的信息、数据、案例、经验等参考,为职业教育提供更多的认可、奖励、激励、保障等支持。同时,行业也应该从职业教育中获得更多的优质人才、先进技术、创新成果、社会声誉等回报,实现校企合作的双赢和共赢。

(三)提升行业在职业教育的影响和地位

行业应该充分展示自身的价值和贡献,树立自身的形象和信誉,提高自身的竞争和合作能力,增强自身的发展和创新动力,提升自身的影响和地位。行业应该积极宣传和推广自身的特色和优势,吸引和留住更多的优秀人才,扩大和深化更多的合作伙伴,提高和保持更高的市场份额,增加和稳定更多的经济效益,提高和提升更高的社会效益。行业应该积极参与和引领职业教育的改革和发展,为职业教育的理念、目标、内容、方法、质量、评价等提供更多的指导和支撑,为职业教育的创新和卓越提供更多的动力和条件。

四、找准破解校企合作瓶颈的突破口

(一)提高政府推动校企合作的战略意识

校企合作是职业教育与产业协同发展的重要途径,也是提升职业教育质量和效益的关键因素。然而,目前我国的校企合作还存在诸多问题,如合作意愿不强、合作模式单一、合作机制不健全、合作效果不明显等,导致校企合作的广度和深度不够,难以满足职业教育与产业发展的需求。因此,政府作为校企合作的主导者和推动者,应该提高校企合作的战略意识,从宏观层面制定校企合作的指导方针和政策措施,从中观层面协调校企合作的资源配置和利益分配,从微观层面监督校企合作的过程和结果,以促进校企合作的规范化、制度化和常态化。

(二)政策创新,建立校企合作机制

校企合作的实施需要有相应的制度保障,包括法律法规、政策规范、管理制度、激励机制等。政府应该根据校企合作的特点和规律,结合职业教育和产业发展的实际情况,进行政策创新,建立校企合作机制。具体而言,政府应该制定校企合作的法律法规,明确校企合作的主体、内容、形式、责任、权利、义务等,为校企合作提供法律依据和保障;政府应该制定校企合作的政策规范,制定校企合作的目标、标准、范围、程序、评价等,为校企合作提供政策指引和支持;政府应该制定校企合作的管理制度,建立校企合作的组织、协调、沟通、信息、监督等机制,为校企合作提供管理服务和保障;政府应该制定校企合作的激励机制,设立校企合作的奖励、扶持、优惠、补贴等政策,为校企合作提供激励动力和保障。

(三)政府统筹搭建校企合作平台

校企合作的开展需要有相应的载体和平台,包括校企合作的基地、中心、联盟、协会等。政府应该发挥统筹协调的作用,搭建校企合作平台。具体而言,政府应该支持建设校企合作基地,利用职业院校和企业的场地、设备、师资、技术等资源,建立校企合作的教学、科研、实训、创新等基地,为校企合作提供实践场所和条件;政府应该支持建设校企合作中心,利用职业院校和企业的专业、人才、项目、成果等资源,建立校企合作的研发、转化、服务、推广等中心,为校企合作提供技术支撑和条件;政府应该支持建设校企合作联盟,利用职业院校和企业的品牌、网络、渠道、市场等资源,建立校企合作的合作、交流、共享、共赢等联盟,为校企合作提供合作平台和条件;政府应该支持建设校企合作协会,利用职业院校和企业的声誉、影响、规模、效益等资源,建立校企合作的自律、监督、评价、促进等协会,为校企合作提供社会支持和条件。

（四）建立品牌专业评估公示制度

按照地方主导和新兴产业发展的要求，教育部门制定和产业发展要求相一致的专业评估公示标准，重点评估学校与企业是否共建了生产型实训基地，是否共同开发了独立的实践教学课程，是否开发了职业岗位能力体系标准和考核标准，以及学生在生产线上的真正技能等内容，打造职业院校的品牌专业和特色专业，以此来推进校企深层次合作，改变传统的教学内容、教学模式和教学方法。在此之下，创新校企合作的运行模式。

1. 校企股份合作模式

校企股份合作模式，是指学校和企业以股份的形式，共同出资、共同管理、共同受益的合作模式。校企股份合作模式，可以有效解决校企合作的资金、资源、利益和风险的分配问题，可以增强校企合作的稳定性、互信性和协同性，可以促进校企合作的战略性、长期性和全面性。校企股份合作模式，可以用于品牌专业的建设，通过校企共同出资，建立品牌专业的教学、科研、实训、就业等方面的基础设施和条件，通过校企共同管理，制定品牌专业的培养目标、培养方案、培养过程和培养质量的评价标准，通过校企共同受益，分享品牌专业的人才培养、技术创新、社会服务等方面的成果和效益。校企股份合作模式，可以提高品牌专业的投入和产出，可以提高品牌专业的质量和水平，可以提高品牌专业的竞争力和影响力。

2. 实训室进入企业模式

实训室进入企业模式，是指学校将实训室设在企业内部，或者将企业的生产线、设备、技术等作为实训室的一部分，让学生在企业的真实环境中进行实训的合作模式。实训室进入企业模式，可以有效解决校企合作的实训场地、实训设备、实训教师和实训内容的匹配问题，可以增强校企合作的针对性、实效性和创新性，可以促进校企合作的互动性、互补性和互惠性。实训室进入企业模式，可以用于品牌专业的建设，通过学校和企业的共同投入，为品牌专业的学生提供先进的实训设施和条件，通过学校和企业的共同指导，为品牌专业的学生提供专业的实训教学和辅导，通过学校和企业的共同考核，为品牌专业的学生提供严格的实训评价和反馈。实训室进入企业模式，可以提高品牌专业的实训质量和效果，可以提高品牌专业的实践能力和技能水平，可以提高品牌专业的就业率和就业质量。

3. 生产车间进驻院校模式

生产车间进驻院校模式，是指企业将部分或全部的生产车间设在学校内部，或者将学校的教学楼、实验室、图书馆等作为生产车间的一部分，让学生在学校的学习环境中参与生产的合作模式。生产车间进驻院校模式，可以有效解决校企合作的生产任务、生产标准、生产管理和生产效益的协调问题，可以增强校企合作的紧密性、灵活性和可持续性，可以促进校企合作的共享性、共赢性和共建性。生产车间进驻院校模式，可以用于品牌专业的建设，通过企业和学校的共同运营，为品牌专业的学生提供真实的生产任务和挑战，通过企业和学校的共同监督，为品牌专业的学生提供规范的生产流程和要求，通过企业和学校的共同奖励，为品牌专业的学生提供合理的生产收入和福利。生产车间进驻院校模式，可以提高品牌专业的生产参与度和责任感，可以提高品牌专业的生产能力和技术水平，可以提高品牌专业的社会认可度和市场价值。

4. 院校国有民营模式

通过品牌专业评估公示制度，可以促进国有和民营院校之间的竞争和合作，提高职业教育的多样性和活力。国有院校可以借鉴民营院校的灵活性和创新性，民营院校可以借鉴国有院校的规范性和稳定性，共同提升品牌专业的质量和水平。同时，国有和民营院校可以在品牌专业的建设中，实现资源共享和优势互补，形成合作共赢的局面。

5. 校企资源整合模式

通过品牌专业评估公示制度，可以促进校企之间的资源整合，提高职业教育的效率和效果。校企可以根据品牌专业的评估标准和公示结果，明确合作的目标和方向，合理分配合作的责任和权利，有效利用合作的资源和条件，共同推进品牌专业的建设。同时，校企可以在品牌专业的建设中，实现教学和生产的融合，形成互利互惠的关系。

6. 产学研用一体模式

通过品牌专业评估公示制度，可以促进产学研用的一体化，提高职业教育的创新和发展能力。产学研用是指产业、教育、科研和应用的紧密结合，是职业教育的高级形态，也是校企合作的最高境界。通过品牌专业评估公示制度，可以激发产学研用各方的积极性和主动性，加强产学研用各方的沟通和协调，深化产学研用各方的交流和合作，共同推动品牌专业的创新和发展。

五、破解高职教育校企合作瓶颈的路径

（一）整合高职教育理论研究资源，提高校企合作理论研究水平

高职教育的发展，离不开与产业的紧密结合，而校企合作是实现高职教育与产业协同发展的有效途径。校企合作可以促进高职教育的教学、科研、服务等多方面的功能发挥，也可以为企业提供人才、技术、信息等多方面的支持，实现双赢的局面。

然而，高职教育校企合作在实践中也面临着诸多的困难和挑战，如校企双方的目标、利益、文化、制度等方面的差异，校企合作的法律、政策、规范等方面的不完善，校企合作的组织、管理、评估等方面的不规范，校企合作的资源、平台、机制等方面的不充分，等等。这些问题，制约了高职教育校企合作的深入和广泛开展，也影响了高职教育与产业协同发展的效果和水平。

为了破解高职教育校企合作的瓶颈，提升高职教育与产业协同发展的质量和效率，有

必要从理论层面进行深入的探索和研究,为高职教育校企合作的实践提供指导和支撑。具体而言,可以从以下三个方面入手:

1. 构建高职教育校企合作的理论框架

高职教育校企合作是一个复杂的系统工程,涉及多方面的因素和关系,需要有一个清晰的理论框架,来界定校企合作的内涵、目标、原则、模式、路径、机制等基本问题,以及校企合作的动力、条件、效果、评价等关键问题。理论框架的构建,应该基于对高职教育校企合作的本质和规律的认识,同时也要考虑到高职教育校企合作的历史和现状,以及国内外的经验和借鉴。理论框架的构建,可以为高职教育校企合作的实践提供一个统一的思想基础和行动指南,也可以为高职教育校企合作的研究提供一个共同的参照和依据。

2. 开展高职教育校企合作的实证研究

高职教育校企合作的理论研究,不能脱离实践的检验和验证,需要有充分的实证数据和分析,来支持和完善理论的假设和结论。实证研究,应该采用科学的方法和技术,如调查、访谈、观察、案例、文献、比较等,来收集和处理高职教育校企合作的相关信息和资料,如校企合作的现状、问题、成效、影响、经验、启示等,从而揭示高职教育校企合作的实际情况和规律,为理论的创新和完善提供依据和支持。实证研究,还应该注重对高职教育校企合作的不同类型、层次、领域、地区等的差异和特点的分析,以及对高职教育校企合作的成功和失败的案例的总结和评价,从而为高职教育校企合作的实践提供有针对性和可操作性的指导和建议。

3. 加强高职教育校企合作的比较研究

高职教育校企合作的理论研究,也不能孤立于国际的背景和趋势,需要有广阔的视野和开放的态度,借鉴和参考国外的经验和做法,以及国际的标准和要求,来丰富和完善自己的理论体系和实践模式。比较研究,应该选择与我国高职教育校企合作有相似性或可比性的国家或地区,如德国、日本、美国、新加坡等,分析和比较他们的高职教育校企合作的理念、目标、内容、形式、机制、效果等方面的异同和优劣,从而找出他们的成功因素和可取之处,以及我国的不足和差距,为我国高职教育校企合作的理论创新和实践改进提供借鉴和启示。比较研究,还应该关注国际上高职教育校企合作的新趋势和新特点,如数字化、智能化、网络化、国际化等,分析和预测它们对我国高职教育校企合作的影响和挑战,为我国高职教育校企合作的理论更新和实践适应提供参考和建议。

(二)创新高职教育办学体制和运行机制,提升高职教育校企合作质量和效率

1. 推进高职教育的社会化办学

高职教育的社会化办学,是指高职院校与社会各界,特别是与企业、行业、地方等相关方,建立紧密的合作关系,共同参与高职教育的规划、建设、管理、评估等各个环节,实现

高职教育的社会化、市场化、国际化。高职教育的社会化办学，可以增强高职教育的社会适应性和服务性，提高高职教育的质量和效益，促进高职教育的可持续发展。为了推进高职教育的社会化办学，需要完善高职教育的法律法规和政策支持，明确高职教育的社会化办学的目标、原则、范围、方式、责任等，保障高职教育的社会化办学的合法性和规范性。同时，需要加强高职教育的社会化办学的组织和协调，建立高职教育的社会化办学的领导小组和工作机构，制定高职教育的社会化办学的计划和方案，协调高职教育的社会化办学的各方利益和关系，推动高职教育的社会化办学的实施和监督。

2. 构建高职教育的校企合作的多元化主体

高职教育的校企合作的多元化主体，是指高职院校与不同类型、规模、行业、地区的企业，以及与其他社会组织、机构、个人等，建立多层次、多形式、多领域的合作关系，形成高职教育的校企合作的多元化主体的格局。高职教育的校企合作的多元化主体，可以拓宽高职教育的校企合作的资源和渠道，丰富高职教育的校企合作的内容和形式，提升高职教育的校企合作的活力和创新。为了构建高职教育的校企合作的多元化主体，需要加强高职教育的校企合作的宣传和引导，提高高职院校和企业等社会各方的校企合作的意识和积极性，营造高职教育的校企合作的良好氛围和环境。同时，需要优化高职教育的校企合作的激励和保障，制定和完善高职教育的校企合作的奖励和惩罚制度，给予高职教育的校企合作的各方合理的利益分配和风险承担，保障高职教育的校企合作的公平性和可持续性。

3. 建立高职教育的校企合作的动态化机制

高职教育的校企合作的动态化机制，是指高职院校与企业等社会各方，根据社会和经济发展的变化和需求，及时调整和更新高职教育的校企合作的目标、内容、方式、标准等，形成高职教育的校企合作的动态化机制的体系。高职教育的校企合作的动态化机制，可以提高高职教育的校企合作的灵敏性和适应性，增强高职教育的校企合作的有效性和前瞻性，促进高职教育的校企合作的优化和升级。为了建立高职教育的校企合作的动态化机制，需要加强高职教育的校企合作的信息和沟通，建立和完善高职教育的校企合作的信息平台和沟通渠道，及时收集和反馈高职教育的校企合作的相关信息和意见，增进高职教育的校企合作的信息共享和沟通协作。同时，需要加强高职教育的校企合作的评估和改进，建立和完善高职教育的校企合作的评估体系和方法，定期开展高职教育的校企合作的评估和监督，及时发现和解决高职教育的校企合作的问题和困难，不断改进和完善高职教育的校企合作的质量和水平。

（三）重视企业主体地位和利益诉求，调动企业参与校企合作的积极性

企业的参与程度和积极性，直接影响了校企合作的效果和质量。因此，高职院校应该

重视企业的主体地位和利益诉求，尊重企业的需求和意见，充分听取企业的反馈和建议，及时调整人才培养方案和课程设置，使之更符合企业的实际需要和市场变化。同时，高职院校应该与企业建立长期稳定的合作关系，通过签订合作协议、设立合作委员会、共建实训基地、共享资源设施等方式，明确合作的目标、内容、方式、责任、权利和利益分配等，保障企业的合法权益，激发企业参与校企合作的积极性。

（四）逐步形成完备的法律法规体系，为高职教育校企合作提供法律保障

法律法规是高职教育校企合作的基础和保障，也是规范和引导校企合作的重要手段。目前，我国高职教育校企合作的法律法规体系还不够完善，存在一些法律空白和法律冲突的情况，导致校企合作的权利义务不明确，风险责任不清晰，纠纷处理不及时，影响了校企合作的顺利进行。因此，有必要逐步形成完备的法律法规体系，为高职教育校企合作提供法律保障。具体而言，应该制定和完善高职教育校企合作的专门法律法规，明确校企合作的法律主体、法律关系、法律责任等，规范校企合作的程序和内容，保护校企合作的合法权益，预防和解决校企合作的法律风险和纠纷。同时，应该加强高职教育校企合作的法律宣传和教育，提高校企双方的法律意识和法律素养，增强校企合作的法治信心和法治精神。

（五）充分发挥政府的职责与职能，促进高职教育校企合作持续发展

政府的职责和职能，直接影响了校企合作的环境和效率。因此，政府应该充分发挥其职责和职能，促进高职教育校企合作持续发展。具体而言，政府应该加大对高职教育校企合作的政策支持和财政投入，通过制定优惠政策、提供税收减免、设立专项资金、奖励优秀案例等方式，激励和引导高职院校和企业开展合作，降低合作的成本和风险，提高合作的收益和效果。同时，政府应该加强对高职教育校企合作的监督和评价，通过建立信息平台、制定评价标准、开展定期检查、公布评价结果等方式，监督和评价校企合作的过程和结果，促进校企合作的规范和透明，提升校企合作的质量和水平。

（六）应探索职业教育与工业园区对接的有效途径

工业园区是集聚了一批相关或相似产业的区域，也是高职教育校企合作的重要载体和平台。高职教育与工业园区的对接，可以实现高职人才的就业对接、高职院校的服务对接、高职教师的培训对接、高职学生的实习对接等，促进高职教育与产业的协同发展。因此，应该探索职业教育与工业园区对接的有效途径，加强高职教育与工业园区的合作和交流。具体而言，应该建立高职教育与工业园区的联盟机制，通过共建联盟学院、设立联盟理事会、开展联盟活动等方式，实现高职院校与工业园区的战略合作，共同制订人才培养计划，共同开展科技创新项目，共同提供社会服务功能。同时，应该建立高职教育与工业园区的对接机制，通过建立对接窗口、设立对接基金、开展对接活动等方式，实现高职人才与工业园区的有效对接，为高职人才提供就业指导、就业信息、就业岗位等，为工业园区提供技术支持、技术培训、技术咨询等。

六、基于产业发展视角，推进职教城协同创新建设

基于产业发展的视角，职教城建设协同创新涉及政府、职教城和企业等主要利益主体，创新三者的资源组合方式，打破彼此间的利益壁垒，实现职教城和产业发展的共赢是职教城建设科学发展的必由之路。职教城是技术技能型人才的集聚地，向产业集聚区靠拢是经济发展的必然趋势。职教城建设只有协同产业发展，以产业发展为导向，同时不断提升自身内涵建设，创新人才培养的方式，才能在产业集群化发展的趋势下，为区域经济发展提供各类合格的人才。

为了实现职教城和产业发展的协同创新，首先要明确职教城的定位和功能，即职教城是一个以职业教育为核心，集教学、科研、创业、服务于一体的综合性平台，既是培养适应产业需求的人才的基地，又是推动产业转型升级的引擎，更是促进区域社会经济发展的重要力量。因此，职教城的建设应该紧密围绕产业发展的需求和方向，与产业发展的战略规划、政策支持、项目合作等方面进行有效对接，形成良好的互动机制和合作模式。其次，要加强职教城的内部建设和管理，提高职教城的整体水平和质量，为产业发展提供优质的人才和服务。这包括完善职教城的硬件设施，如教学楼、实验室、图书馆、创业孵化器等，为职教城的教学、科研、创业等活动提供良好的物质条件；优化职教城的软件环境，如教育理念、课程体系、师资队伍、教学质量、学生管理等，为职教城的人才培养提供高效的制度保障；创新职教城的运行机制，如激励机制、评价机制、监督机制、协调机制等，为职教城的发展提供动力和指引。最后，要拓展职教城的外部合作和交流，增强职教城的开放性和影响力，为产业发展提供广阔的视野和平台。这包括加强职教城与政府的沟通和协作，积极争取政府的支持和指导，参与政府的产业规划和项目实施，为政府的决策和服务提供智力和技术支持；加强职教城与企业的联系和合作，主动了解企业的需求和动态，开展企业的订单培养和定制培训，为企业的人才储备和技术创新提供人力和资源支持；加强职教城与社会的互动和融合，积极承担社会责任和义务，参与社会的公益事业和志愿服务，为社会的和谐稳定和进步发展提供力量和贡献。

河南扶沟职教城"职教中心+产业集聚区"模式的经验证明了职教城建设协同产业发展的必要性。未来职教城建设协同创新应注重政策的支持和引导，协同区域产业发展，并积极构建协同创新的载体。

第二节 产教融合校企合作是职业教育机制体制改革的主线

1996年,《职业教育法》第二十三条规定,职业教育"应当实行产教结合",确立了产教结合的法律地位。2010年,《国家中长期教育改革和发展规划纲要(2010—2020年)》提出,制定促进校企合作办学法规,推进校企合作制度化。2014年,国务院《关于加快发展现代职业教育的决定》提出,研究制定促进校企合作办学有关法规和激励政策。党的十九大明确提出"深化产教融合、校企合作"的要求。2017年底,《国务院办公厅关于深化产教融合的若干意见》,阐述了深入产教融合的任务、要求和标准。2018年2月,教育部等六部门印发了《职业学校校企合作促进办法》,对校企合作方式、促进措施、检查等做出明确规定。两个文件共同形成了推动职业教育提高质量,深化产教融合,校企合作的政策"组合拳"。2023年6月,国家发展改革委等部门印发《职业教育产教融合赋能提升行动实施方案(2023—2025年)》的通知,旨在统筹解决人才培养和产业发展"两张皮"的问题,推动产业需求更好融入人才培养全过程,持续优化人力资源供给结构。

一、不同的历史阶段,产教融合校企合作有不同的历史背景

产教融合校企合作并不是一个新鲜的概念,而是一个历史的产物,是一个动态的过程,是一个不断发展的趋势。在不同的历史阶段,产教融合校企合作有不同的历史背景、发展阶段、实践模式、改革任务。

(一)改革开放初期,产教融合校企合作是为了解决职业教育的生存问题

改革开放初期,我国经济社会处于转型期,职业教育面临着严峻的挑战,如教育体制僵化、教育资源匮乏、教育内容落后、教育质量低下、教育效益不明显等。为了解决职业教育的生存问题,职业教育开始探索与产业发展的结合,与企业发展的合作,以期实现教育的自主性、多样性、有效性。这一阶段的产教融合校企合作主要表现为学校与企业的单向合作,以学校为主导,以企业为辅助,以解决学生的实习实训问题为主要目的,以提高学生的就业率为主要标准。这一阶段的产教融合校企合作虽然有一定的积极意义,但是也存在着一些问题,如合作的基础薄弱、形式单一、内容浅层、效果有限等。

(二) 21世纪初期,产教融合校企合作是为了适应职业教育的发展需求

21世纪初期,我国经济社会进入了快速发展期,职业教育面临着新的机遇,也面临着新的挑战,如教育规模的扩大、教育结构的调整、教育水平的提高、教育质量的保证等。为了适应职业教育的发展需求,职业教育开始深化与产业发展的结合,与企业发展的合作,以期实现教育的规范性、适应性、创新性。这一阶段的产教融合校企合作主要表现为学校与企业的双向合作,以学校和企业为共同主体,以解决学生的知识技能问题为主要目的,以提高学生的就业质量为主要标准。这一阶段的产教融合校企合作虽然有一定的进步,但是也存在着一些问题,如合作的目标不明确、机制不健全、内容不深入、效果不稳定等。

(三) 新时代,产教融合校企合作是为了推动职业教育的创新发展

新时代,我国经济社会进入了新常态,职业教育面临着新的使命,也面临着新的要求,如教育的现代化、教育的国际化、教育的信息化、教育的智能化等。为了推动职业教育的创新发展,职业教育需要进一步加强与产业发展的结合,与企业发展的合作,以期实现教育的高质量、高水平、高效能。这一阶段的产教融合校企合作主要表现为学校与企业的多元合作,以学校、企业和社会为共同主体,以解决学生的综合素养问题为主要目的,以提高学生的社会价值为主要标准。这一阶段的产教融合校企合作需要不断完善合作的目标、机制、内容、效果,以实现产教融合校企合作的新高度,新境界,新水平。

二、产教融合校企合作,职业教育机制体制改革的重要性

(一) 产教融合校企合作是职业教育的需求导向

职业教育的目的是培养适应社会和市场需求的人才,而社会和市场需求是不断变化和更新的,因此,职业教育必须紧跟社会和市场的脉搏,及时调整教育的方向和内容,以满足社会和市场的需求。产教融合校企合作是实现职业教育需求导向的有效方式,通过教育机构和企业之间的密切沟通和协作,可以及时了解社会和市场的需求变化,反馈给教育的规划和实施,从而提高职业教育的针对性和实效性。

(二) 产教融合校企合作是职业教育的资源整合

职业教育的资源包括教育机构的师资、设备、场地、课程等,以及企业的技术、设备、场地、项目等,这些资源是职业教育的重要支撑,也是职业教育的稀缺资源。因此,职业教育必须充分利用和优化这些资源,以提高教育的效率和质量。产教融合校企合作是实现职

业教育资源整合的有效方式，通过教育机构和企业之间的共享和互补，可以实现教育资源的最大化利用和优化配置，从而提高教育资源的效益和价值。

（三）产教融合校企合作是职业教育的质量保证

产教融合校企合作是职业教育的创新驱动。职业教育的创新是指教育的理念、内容、方法、模式、机制等方面的不断更新和改进，是职业教育的生命力和动力，是职业教育的发展方向和目标。因此，职业教育必须坚持创新的理念，推动创新的实践，以提高教育的水平和影响。产教融合校企合作是实现职业教育创新驱动的有效方式，通过教育机构和企业之间的交流和协作，可以激发教育的创新思维，促进教育的创新行为，从而提高教育的创新能力和成果。

（四）产教融合校企合作是职业教育的服务支撑

职业教育的服务是指教育为社会和经济发展提供人才、技术、信息、咨询等方面的支持和贡献，是职业教育的社会责任和价值，是职业教育的评价标准和反馈机制。因此，职业教育必须坚持服务的宗旨，拓展服务的领域，以提高教育的社会效益和公共价值。产教融合校企合作是实现职业教育服务支撑的有效方式，通过教育机构和企业之间的互动和协作，可以增强教育的服务意识，拓展教育的服务渠道，从而提高教育的服务水平和质量。

三、进一步落实，需要进一步深化体制机制改革

产教融合校企合作是职业教育机制体制改革的主线，是职业教育发展的重点，是职业教育质量的保障。为了进一步落实产教融合校企合作，需要进一步深化体制机制改革，打破各种障碍，激发各种活力，构建各种平台，形成产教融合校企合作的新格局、新机制、新动力。

（一）完善产教融合校企合作的目标体系

产教融合校企合作的目标体系是指产教融合校企合作的总体方向、具体要求、评价标准等，是产教融合校企合作的行动指南，是产教融合校企合作的质量保证。产教融合校企合作的目标体系应该符合国家的战略规划，符合产业的发展趋势，符合教育的发展规律，符合学生的发展需求，符合社会的发展期待。产教融合校企合作的目标体系应该具有科学性、前瞻性、可操作性、可评价性、可持续性等特征。产教融合校企合作的目标体系应该涵盖产教融合校企合作的各个层面、各个环节、各个方面，如产教融合校企合作的理念，产教融合校企合作的模式，产教融合校企合作的内容，产教融合校企合作的效果等。产教融合校企合作的目标体系应该定期修订、更新、完善，以适应产教融合校企合作的新变化、新需求、新挑战。

(二)构建产教融合校企合作的机制体制

产教融合校企合作的机制体制是指产教融合校企合作的组织形式、运行方式、管理制度等,是产教融合校企合作的运行保障,是产教融合校企合作的效率提升。产教融合校企合作的机制体制应该体现产教融合校企合作的主体地位,体现产教融合校企合作的协同性,体现产教融合校企合作的灵活性,体现产教融合校企合作的规范性。产教融合校企合作的机制体制应该包括产教融合校企合作的组织架构,产教融合校企合作的协议合同,产教融合校企合作的权责分配,产教融合校企合作的激励约束,产教融合校企合作的监督评估等。产教融合校企合作的机制体制应该不断创新、完善、优化,以适应产教融合校企合作的新形势、新问题、新任务。

(三)培育产教融合校企合作的文化氛围

产教融合校企合作的文化氛围是指产教融合校企合作的价值观、理念、精神、风格等,是产教融合校企合作的内在动力,是产教融合校企合作的品质提升。产教融合校企合作的文化氛围应该弘扬产教融合校企合作的核心价值,弘扬产教融合校企合作的创新理念,弘扬产教融合校企合作的协作精神,弘扬产教融合校企合作的优良风格。产教融合校企合作的文化氛围应该通过产教融合校企合作的宣传教育,产教融合校企合作的典型示范,产教融合校企合作的活动载体,产教融合校企合作的表彰奖励等方式,不断培育、弘扬、传承,以激发产教融合校企合作的主体的积极性、主动性、创造性。

第三节 制定职业教育与产业协同发展的单行法律法规

对职业教育中的重点问题,国家要有针对性地制定单行法律法规。现阶段迫切需要对校企合作、职业资格证书、职教师资、农村职业教育、高等职业教育和职业培训进行单项立法。还要改变以往以政策性文件代替法规的做法,提高立法的层次,多以全国人大常委会的名义出台法律,以国务院的名义出台行政法规,而不是像以往一样全部以部门规章的形式发布。设立职业教育与产业协同发展的单行法律法规,已成为保障职业教育健康发展的现实要求。

一、校企合作立法

(一)明确校企合作的原则和目标

校企合作应遵循互利互惠、合作共赢、市场导向、需求驱动、质量为本、创新发展的原则,旨在实现职业教育与产业发展的良性互动,提高职业教育的质量和效益,培养适应产业发展需要的高素质技能人才,促进产业转型升级和社会经济发展。

(二)明确校企合作的主体和责任

校企合作的主体包括职业教育机构和用人单位,以及其他有关方。职业教育机构应根据产业发展的需求,制定和调整职业教育的目标、内容、标准和方法,开展与用人单位的合作,提供优质的职业教育服务。用人单位应根据职业教育的供给,提出和反馈职业教育的需求,参与和支持职业教育的实施,提供必要的资源和条件。其他有关方应根据各自的职责和能力,协调和促进校企合作,提供必要的政策和制度支持。

(三)明确校企合作的形式和内容

校企合作的形式包括但不限于联合办学、订单培养、工学交替、实习实训、双师型教师、技能大赛等。校企合作的内容包括但不限于课程开发、教学实施、教学评价、教师培养、学生就业、科技创新等。

(四)明确校企合作的保障和激励

国家应建立健全校企合作的法律法规和政策体系,制定和完善校企合作的规范和标准,建立和完善校企合作的监督和评价机制,提供和增加校企合作的财政投入和税收优惠,鼓励和引导社会资本参与校企合作,表彰和奖励校企合作的典型和先进。

二、职教师资立法

(一)明确职教师资的定义和分类

职教师资是指从事职业教育教学、管理、研究、服务等工作的专业技术人员,包括专任教师、兼职教师、实训指导教师、管理人员、教辅人员等。职教师资按照教学科目、教学层次、教学资格等进行分类,形成多元化的职教师资队伍。

(二)明确职教师资的标准和条件

职教师资应具备相应的学历、专业、技能、经验、素养等条件,符合职业教育的特点和要求，满足产业发展的需要。国家应制定和完善职教师资的培养、招聘、考核、认证、管理等标准，建立和完善职教师资的信息系统，实行职教师资的动态管理。

（三）明确职教师资的培养和引进

国家应加强职教师资的培养和引进，建立健全职教师资的培养体系，完善职教师资的培养模式，提高职教师资的培养质量，扩大职教师资的培养规模，增加职教师资的培养渠道，促进职教师资的培养效果。国家应鼓励和支持职业教育机构和用人单位开展校企合作，引进和培养双师型、复合型、创新型的职教师资，促进职教师资的专业化和实践化。

（四）明确职教师资的待遇和保障

国家应提高职教师资的社会地位和职业荣誉，保障职教师资的合法权益，提高职教师资的收入水平，完善职教师资的激励机制，优化职教师资的发展空间，促进职教师资的职业发展。国家应加强职教师资的培训和考核，提高职教师资的专业水平和教学能力，促进职教师资的终身学习和创新发展。

三、职业资格证书立法

（1）职业资格证书是证明个人具备从事某一职业或工作所需的专业知识、技能和能力的证明文件，是职业教育的重要成果和评价标准，也是职业人才的重要身份和资本。

（2）国家统一制定职业资格证书的种类、等级、标准、颁发、管理、使用和监督等制度，建立职业资格证书的目录和信息库，实行职业资格证书的动态调整和更新，保持职业资格证书的科学性、权威性和适应性。

（3）国家鼓励和支持职业教育机构、企业、社会组织等参与职业资格证书的制定、培训、考核、认证等工作，形成多元化的职业资格证书体系，满足不同行业、领域和层次的职业人才需求。

（4）国家保障职业资格证书的公平性、公正性和公开性，禁止任何单位和个人擅自设立、颁发或使用非法的职业资格证书，或者以任何形式歧视、限制或侵害合法持有职业资格证书的个人的权利和利益。

（5）国家建立职业资格证书的奖励和激励机制，对取得职业资格证书的个人给予相应的学分、学历、职称、待遇、税收等优惠政策，对参与职业资格证书工作的单位和个人给予相应的资金、设备、场地、人员等支持政策。

四、农村职业教育立法

（1）农村职业教育是指针对农村地区的特点和需求，培养具有农业生产、农村服务、农村管理等方面的专业技能和创新能力的职业教育，是提高农民素质、增加农民收入、促进农村发展的重要途径。

（2）国家将农村职业教育作为国家基本教育政策的重要内容，制定农村职业教育的发展规划、目标、任务和措施，加大农村职业教育的投入和支持力度，提高农村职业教育的覆盖率和质量。

（3）国家建立农村职业教育的供需对接机制，根据农村地区的资源禀赋、产业结构、就业市场等实际情况，确定农村职业教育的培养方向、专业设置、课程内容等，满足农村地区的多样化和差异化的职业教育需求。

（4）国家鼓励和支持农村地区的中小学、职业学校、农业院校、农民专业合作社、农业企业等开展农村职业教育，形成农村职业教育的多层次、多形式、多渠道的供给体系，提供农村职业教育的多样化和灵活化的服务方式。

（5）国家建立农村职业教育的评价和监督机制，建立农村职业教育的质量标准、考核指标、监测体系等，定期对农村职业教育的运行状况、效果和问题进行评价和监督，及时发现和解决农村职业教育的困难和矛盾。

五、高等职业教育立法

（1）高等职业教育是指以培养高级专业技术人才为目的，以高等教育的水平和标准为依据，以职业技能的获取和应用为核心，以产业发展和就业需求为导向的职业教育，是国家高等教育体系的重要组成部分，也是促进经济社会发展和科技创新的重要力量。

（2）国家将高等职业教育作为国家高等教育发展战略的重要内容，制定高等职业教育的发展规划、目标、任务和措施，加大高等职业教育的投入和支持力度，提高高等职业教育的规模和水平。

（3）国家建立高等职业教育的质量保障机制，建立高等职业教育的入学条件、学制要求、学位授予、毕业证书等制度，建立高等职业教育的教师队伍、教学设施、教学资源等标准，建立高等职业教育的教学质量、毕业质量、就业质量等评价体系，保障高等职业教育的质量和效益。

（4）国家鼓励和支持高等职业教育的创新和改革，推动高等职业教育的内涵发展、结构调整、模式转变等，促进高等职业教育的教学内容、方法、手段等与时俱进，提高高等职业教育的适应性、创新性和竞争力。

（5）国家建立高等职业教育的协同发展机制，推动高等职业教育与普通高等教育、中等职业教育、继续教育、职业培训等形成有效衔接，推动高等职业教育与产业界、社会组织、国际合作等建立紧密合作，形成高等职业教育的协同发展的良好局面。

六、职业教育与产业协同发展立法

（1）职业教育与产业协同发展是指职业教育与产业界在人才培养、技术创新、服务社会等方面实现共同目标、共同利益、共同责任的合作关系，是提升职业教育的质量和效益、推动产业转型升级、促进经济社会发展的重要途径。

（2）国家将职业教育与产业协同发展作为国家职业教育发展战略的重要内容，制定职业教育与产业协同发展的指导原则、目标、任务和措施，加大职业教育与产业协同发展的投入和支持力度，提高职业教育与产业协同发展的水平和效果。

（3）国家建立职业教育与产业协同发展的协调机制，建立职业教育与产业协同发展的政策体系、法律体系、规范体系等，建立职业教育与产业协同发展的信息平台、沟通渠道、协作网络等，建立职业教育与产业协同发展的监督评价、激励约束、风险防范等，保障职业教育与产业协同发展的顺畅运行和持续发展。

（4）国家鼓励和支持职业教育与产业协同发展的创新和实践，推动职业教育与产业协同发展的理念更新、模式创新、机制优化等，推动职业教育与产业协同发展的项目实施、成果转化、效益分享等，推动职业教育与产业协同发展的领域拓展、层次提升、范围扩大等，提高职业教育与产业协同发展的活力和影响力。

（5）国家建立职业教育与产业协同发展的示范引领机制，建立职业教育与产业协同发展的示范区、示范校、示范企业等，建立职业教育与产业协同发展的示范项目、示范课程、示范教材等，建立职业教育与产业协同发展的示范教师、示范学生、示范合作伙伴等，形成职业教育与产业协同发展的示范效应和辐射效应。

第六章 职业教育与产业协同创新发展的意义与前景

第一节 职业教育与产业协同创新发展的意义

一、协同发展是职业教育与产业现代化的共同要求

(一)产业现代化在职业教育现代化中的基础性地位

教育与生产劳动相结合是马克思主义教育观的核心内容。马克思认为:"要改变一般人的本性,使他获得一定劳动部门的技能和技巧,成为发达的专门的劳动力,就要有一定的教育或训练,而这就得花费或多或少的商品等价物。"❶ 马克思在《资本论》中提到:"生产劳动跟智育和体育相结合,它不仅是提高社会生产的一种方法,而且是造就全面发展的人的唯一方法。"❷ 职业教育作为与劳动力市场关系最为密切的一种教育类型,就是要充分认识企业在职业教育现代化中的基础性地位,明确行业企业和社会力量在职业教育改革发展中的权利、责任和职能,理顺政府、学校、行业和企业之间的关系,是构建现代职业教育治理体系的重要基础。

职业教育作为一种跨界的教育,与产业有天然联系,职业技能形成的最有效途径是工作场所学习。随着现代企业资本有机构成不断提高,技术越来越复杂,工作岗位越来越综合化、复杂化,离开企业就难以有效培养技术技能人才。综观世界先进国家的职业教育,

---
❶ 马克思. 资本论(第一卷)[M]. 北京:人民出版社,1975:194—195.
❷ 马克思. 资本论(第一卷)[M]. 北京:人民出版社,1975:529—530.

无论以德国为代表的"双元制",还是以英国为代表的工场学徒制,都是企业主导的职业教育。可见,没有企业参与的职业教育是不健全的职业教育,甚至是残缺的职业教育。职业教育在办学制度层面,跨越了企业与学校;在人才培养层面,跨越了工作与学习;在社会功能层面,跨越了职业与教育的疆域。所以,现代职业教育体系的建设必须有跨界的思考,只有跳出教育看教育,才能逐步形成"合作办学求发展、合作育人促就业"的良性机制。传统的教育机构,指的仅仅是学校。这是一种局限于学校教育的定界教育思考。对职业教育来说,除了学校,企业成为另一个不可替代的学习地点。我们要将企业作为重要办学主体这一项上升为国家战略,完善相关法律法规,平衡好个别企业和其他企业利益、企业的近期和长远利益,促使企业建机构、配人员,加强职工教育与培训,充分释放企业开发人力资本的潜能,并逐步纳入制度化、法制化轨道。

校企合作的职业教育,要将企业营利的功利性与学校育人的公益性结合,就必须使企业认识到,企业不只是一个职业教育的旁观者,而是一个举办者,协同是贯穿职业教育的一条主线。因此我们要结合中国国情,建立"教育性企业"制度,以赋予有资格的企业以教育机构的地位,通过产业、行业、企业、职业、专业"五业联动",着力推进职业教育与企业深度对接,实现教育链和产业链的有机融合,提升企业行业参加办学的积极性,为职业教育的发展,破解产教融合、校企合作、工学结合以及知行合一的难题,开辟一片新天地。

(二)职业教育强化产业现代化的人力资源再开发

随着技术不断数字化、智能化,人的知识型技能将会越来越重要。智能设备虽然能够替代简单操作甚至一些分析性工作,但无法替代人去思考至今为止没有过的新事物,无法像人那样跳出过去经验去创造新概念、新想法、新产品。想象力、创造力是无法被机器替代的,而这正是人在未来智能化社会中最需要掌握的能力。由于信息网络技术的发展,企业环境将充满不确定性和变化性。因此,人就不能局限在狭窄的专业领域中,而要掌握包括从技术到商业模式的广范围的知识与技能,形成适应环境变化的能力。

按照马克思的再生产理论,人类在物质资料的再生产过程中必须将人类自身再生产出来。尤其是20世纪60年代,人力资本理论的产生,使企业越来越重视人力资本的投入。纵观发达国家先进企业,尤其是一些跨国公司,企业人力资源开发成为现代企业的重要组成部分,也促进了现代企业的可持续发展。而我国企业人力资源开发欠缺,近年来,许多走出去的企业缺乏办学经验,对所在国本土劳动力难以有效培训,企业融入当地经济社会能力不强,制约了国家走出去战略的实施。当前,我国正处于产业转型升级关键期,必须加强人力资源开发。国家要加大企业培训的相关法律法规建设,保障企业和员工培训的权利和义务,如对于参与职业教育企业的利益保护,对于参加培训职工的再就业和经费支持制度。

职业教育的根本任务是培养数以亿计的高素质劳动者和技术技能人才。来自人才需求变化的挑战是中国职业教育发展面临的最大挑战。

1. 产业变化带来人才结构变化

中国经济正处于从高速增长向高质量发展转变的关键阶段,产业结构也在不断优化升级。从第一产业到第二产业,再到第三产业,从传统制造业到现代服务业,再到战略性新兴产业,从低端加工制造到高端创新制造,再到智能制造,中国产业的变化反映了经济发展的内在逻辑和规律。这些变化对人才的需求也产生了深刻的影响。

(1) 产业变化导致了人才需求的数量变化

随着产业升级,一些传统的、低附加值的、高污染的产业逐渐被淘汰或转移,相应的人才需求也减少或转移。而一些新兴的、高附加值的、低碳的产业则快速发展,相应的人才需求也增加或出现。例如,随着新能源汽车、智能网联汽车等新技术的应用,汽车制造业对人才的需求从传统的机械、电子等专业向新能源、软件、网络等专业转变。这就要求职业教育及时调整人才培养的规模和方向,适应产业变化的需求。

(2) 产业变化导致了人才需求的质量变化

随着产业升级,一些简单的、重复的、低技能的工作被机器或软件替代,相应的人才需求也降低或消失。而一些复杂的、创新的、高技能的工作则增加或出现,相应的人才需求也提高或出现。例如,随着人工智能、大数据、云计算等新技术的应用,制造业对人才的需求从传统的操作、管理等技能向分析、设计、优化等技能转变。这就要求职业教育不断提高人才培养的质量和水平,适应产业变化的需求。

2. 生产变化带来人才素质的变化

中国生产正处于从规模扩张向效率提升转变的关键阶段,生产方式也在不断创新变革。从以资源消耗为导向的粗放型生产,到以效率提升为导向的集约型生产,再到以创新驱动为导向的智能型生产,中国生产的变化反映了经济发展的动力和方向。这些变化对人才的需求也产生了深刻的影响。

(1) 生产变化导致了人才需求的结构变化。

随着生产方式的创新,一些单一的、孤立的、线性的工作被整合或重组,相应的人才需求也减少或消失。而一些综合的、协同的、非线性的工作则增加或出现,相应的人才需求也增加或出现。例如,随着智能制造的推进,制造业对人才的需求从传统的专业分工向跨专业协作转变。这就要求职业教育培养具有多学科知识、多技能能力、多领域视野的复合型人才,适应生产变化的需求。

(2) 生产变化导致了人才需求的素质变化。

随着生产方式的创新,一些固定的、稳定的、预设的工作被动态的、不确定的、自适应的工作取代,相应的人才需求也降低或消失。而一些灵活的、变化的、创造的工作则增加或出现，相应的人才需求也提高或出现。例如，随着定制化生产的发展，制造业对人才的需求从传统的执行、遵从等素质向创新、主动等素质转变。这就要求职业教育培养具有创新思维、主动学习、自我管理的高素质人才，适应生产变化的需求。

二、协同发展是社会分工与合作在新时代的具体体现

(一)社会分工与合作的历史意义

社会分工是指社会成员根据自己的能力、兴趣、需求等因素，分担不同的社会职能和任务，形成不同的社会角色和地位的过程。社会分工是社会发展的必然结果，也是社会进步的重要动力。社会分工可以提高社会成员的专业化水平，提高社会生产的效率和质量，促进社会资源的优化配置，满足社会成员的多样化需求，增强社会的创新能力和竞争力。

社会合作是指社会成员在社会分工的基础上，通过相互协调、互补、互助等方式，实现共同的社会目标和利益的过程。社会合作是社会分工的必要补充，也是社会和谐的重要保障。社会合作可以增强社会成员的团结和凝聚力，增进社会成员的相互理解和尊重，促进社会的公平和正义，维护社会的稳定和安全，实现社会的共赢和共享。

社会分工与社会合作是社会发展的两个基本方面，它们相互依存、相互促进，共同推动了人类社会的历史进程。从原始社会到现代社会，社会分工与社会合作的形式和内容不断变化和发展，但它们的本质和作用始终没有改变。社会分工与社会合作是人类社会的普遍规律，是人类文明的共同财富。

(二)协同发展是社会分工与合作在新时代的新要求

新时代是指21世纪初以来，世界发生了深刻而复杂的变化，人类面临了前所未有的机遇和挑战的时代。新时代的主要特征有以下四点：

1. 全球化是新时代的主题

全球化是指世界各国在经济、政治、文化、科技等领域的相互联系和相互影响日益加深，形成一个相互依赖、相互作用的整体的过程。全球化使世界变得更加开放、多元、互动，也使世界变得更加复杂、不确定、竞争。

2. 信息化是新时代的标志

信息化是指信息技术的广泛应用和深刻影响，使信息成为社会发展的重要资源和驱动力的过程。信息化使社会的生产、交流、管理、创新等方面发生了根本性的变革，也使社会的认知、价值、行为等方面发生了深刻的变化。

3. 创新是新时代的动力

创新是指在科学技术、经济管理、社会制度、文化艺术等领域，对既有的知识、理论、

方法、产品、服务等进行改进、更新、替代,产生新的价值和效益的过程。创新是社会发展的源泉和动力,是应对社会变化和挑战的关键和核心。

4. 绿色是新时代的理念

绿色是指以生态文明为导向,以可持续发展为目标,以环境保护为责任,以资源节约为原则,以低碳循环为模式,以人与自然和谐为愿景的理念。绿色是社会发展的必然选择和必要条件,是实现人类福祉和社会进步的重要保障。

在新时代的背景下,社会分工与社会合作面临着新的形势和任务,需要进行新的调整和完善,以适应社会发展的新要求和新目标。协同发展就是社会分工与社会合作在新时代的新要求,也是社会分工与社会合作的新目标。协同发展是指在社会分工的基础上,通过社会合作的方式,实现社会各方面的协调、协力、协创、协享的发展模式。协同发展的主要特征有以下三点:

(1)协同发展是基于社会分工的。社会分工是协同发展的前提和基础,没有社会分工就没有协同发展。协同发展要求社会分工要更加合理、高效、灵活,能够充分发挥社会成员的个性和潜能,能够适应社会发展的多样化和变化化,能够促进社会成员的自我实现和自我提升。

(2)协同发展是通过社会合作的。社会合作是协同发展的手段和途径,没有社会合作就没有协同发展。协同发展要求社会合作要更加广泛、深入、密切,能够克服社会分工带来的隔阂和冲突,能够建立社会分工的互补和互助机制,能够形成社会分工的共识和共赢。

(3)协同发展是为了社会共赢的。社会共赢是协同发展的目的和结果,没有社会共赢就没有协同发展。协同发展要求社会共赢要更加全面、平衡、持久,能够实现社会各方面的协调发展,能够满足社会各层面的多元需求,能够保障社会各群体的合理利益,能够促进社会各领域的创新发展。

(三)历史新时期下的职业教育共同体

职业教育共同体是指由职业教育的各个参与者,如政府、学校、企业、社会组织、教师、学生、家长等,以及职业教育的各个要素,如教育目标、教育内容、教育方法、教育评价、教育管理等,共同构成的一个有机的整体,它以共同的利益、目标、价值和责任为纽带,以协同发展为原则,以合作创新为动力,以互惠互利为基础,以共享共赢为结果,实现职业教育的内在发展和外在服务。

在历史新时期,职业教育共同体的建设具有重要的意义和价值。一方面,它有利于提高职业教育的质量和效率,通过整合各方的资源和优势,实现职业教育的供给侧改革,更好地适应社会的需求和变化,培养更多的高素质的职业人才。另一方面,它有利于促进职业教育的公平和包容,通过实现各方的参与和沟通,消除职业教育的障碍和偏见,提升职业教育的社会地位和认同,扩大职业教育的受众和影响,实现职业教育的社会效益和价值。

为了建设一个协同发展的职业教育共同体,需要从以下五个方面着手:

(1)建立一个协同发展的职业教育理念,强调职业教育的社会性、开放性、多元性和创新性,突出职业教育的人本关怀、价值导向、目标导向和问题导向,倡导职业教育的合作精神、共享理念、共赢原则和共建机制,形成一个职业教育共同体的共识和愿景。

(2)建立一个协同发展的职业教育制度,完善职业教育的法律法规、政策措施、规划指导、标准规范、监督评估等,构建一个职业教育共同体的制度保障和运行机制,明确职业教育共同体的权利和义务、责任和分工、协调和沟通、激励和约束等,形成一个职业教育共同体的规则和秩序。

(3)建立一个协同发展的职业教育平台,充分利用信息技术、网络技术、大数据技术、云计算技术等,构建一个职业教育共同体的信息资源、教育服务、交流合作、创新发展等,打造一个职业教育共同体的平台支撑和功能拓展,形成一个职业教育共同体的网络和空间。

(4)建立一个协同发展的职业教育文化,培育职业教育的核心价值、精神风貌、道德规范、行为准则等,构建一个职业教育共同体的文化内涵和外延,传承职业教育的历史传统、优良品质、典型案例、先进典范等,形成一个职业教育共同体的文化认同和影响。

(5)协同发展是社会分工与合作在新时代的具体体现,也是职业教育发展的必然要求和重要方向。只有建设一个协同发展的职业教育共同体,才能实现职业教育的自身发展和社会服务,为构建人类命运共同体贡献力量。

与此同时,随着世界经济的发展和全球经济一体化格局的确立,价值链分工在世界范围内展开,可以认为,全球价值链分工是一种特殊的经济全球化过程。目前,越来越多的国家参与到最终产品生产过程中,不同中间环节的生产活动,形成了以价值链为基础的新型国际分工格局,在此格局中更加注重职业教育界与经济界的协调发展,更加注重技术与人文的整合,更加关注人的职业生涯和可持续发展。

(四)以学生为中心,实现从工具到价值的转变

教育不能仅仅是一种单向的灌输和训练,而应该是一种双向的交流和互动,一种多元的参与和协作,一种动态的探索和创新。为了实现这样的教育,我们需要以学生为中心,实现从工具到价值的转变。所谓以学生为中心,就是要尊重学生的个性和需求,关注学生的兴趣和动机,支持学生的自主和选择,促进学生的发展和成长。所谓从工具到价值的转变,就是要超越教育的功利性和应试性,重视教育的本质性和内在性,强调教育的意义和目的,培养教育的品质和效果。

具体来说,我们可以从以下四个方面来实现这种转变:

1. 在教学内容上,我们要从单一的知识传授,转向多维的知识构建

我们要根据学生的年龄、水平、背景和目标,设计合适的教学内容,不仅涵盖基础的知识和技能,还包括拓展的知识和技能,以及跨学科的知识和技能。我们要让学生不仅能够掌握知识,还能够理解知识,运用知识,创造知识,评价知识,反思知识,从而形成自己的知识体系和知识观。

2. 在教学方法上,我们要从单向的教师讲授,转向双向的教师引导

我们要根据学生的特点和情况,采用合适的教学方法,不仅包括传统的讲授、演示、练习、测试等,还包括现代的探究、讨论、合作、项目等。我们要让学生不仅能够听取教师的讲解,还能够提出自己的问题,表达自己的观点,参与教学活动,体验教学过程,从而提高自己的学习能力和学习效率。

3. 在教学评价上,我们要从单一的考试评价,转向多元的评价方式

我们要根据学生的表现和进步,采用合适的评价方式,不仅包括常规的笔试、口试、作业等,还包括创新的观察、记录、反馈、展示等。我们要让学生不仅能够接受教师的评价,还能够进行自我评价,互相评价,参与评价标准的制定,了解评价结果的意义,从而提升自己的学习质量和学习效果。

4. 在教学环境上,我们要从封闭的教室教学,转向开放的教学资源

我们要根据学生的需求和兴趣,利用合适的教学资源,不仅包括传统的教材、教具、实验室等,还包括现代的网络、媒体、图书馆等。我们要让学生不仅能够在教室里学习,还能够在校园里学习,社区里学习,社会里学习,从而拓宽自己的学习视野和学习渠道。

三、协同创新发展是中国特色社会主义建设的必由之路

(一)走中国特色的职业教育发展道路要以五大发展理念为统领

未来职业教育发展依然有道路的选择问题,坚持走中国特色职业教育发展道路是由中国职业教育的社会主义本质属性决定的。走自己的路、走中国的路,既要坚定不移、充满自信,也要抓住关键、走正步子。创新、协调、绿色、开放、共享五大发展理念,既是未来经济社会发展的总纲领,也是未来职业教育发展的总统领。我们要以创新发展统领职业教育体制机制改革,激发办学活力;要以协调发展统领现代职业教育体系建设,不断优化布局结构;要以绿色发展统领职业教育生态建设,营造良好育人环境和社会风尚;要以开放发展统领职业教育合作交流,广泛拓展职业教育资源;要以共享发展统领职业教育面向人人办学,努力让每个人都有人生出彩的机会。

1. 以创新思维,实现现代职业教育品质发展

创新是引领发展的第一动力,是建设现代化强国的战略支撑。在新时代,中国面临着

经济转型升级、社会结构调整、科技革命突飞猛进等多重挑战,需要培养大批具有创新精神和创新能力的高素质人才,以适应新的发展需求。职业教育是培养创新人才的重要基础,是推动创新驱动发展的重要力量。走中国特色的职业教育发展道路,要以创新思维为指导,实现现代职业教育品质发展。

以创新思维实现现代职业教育品质发展,首先要坚持以人为本,培养德智体美劳全面发展的社会主义建设者和接班人。职业教育要以立德树人为根本任务,注重培养学生的社会责任感、创新意识、创业精神、团队协作能力、终身学习能力等,使他们成为具有创新素养的现代职业人。职业教育要以学生为中心,关注学生的个性差异、学习需求、职业发展等,提供多样化、个性化、灵活化的教育服务,激发学生的学习兴趣、学习动力、学习潜能,促进学生的全面发展。

首先,以创新思维实现现代职业教育品质发展,其次要坚持以产教融合为核心,打造职业教育的新生态。职业教育要紧密对接产业发展、社会需求、国家战略,与企业、行业、地方等各方深度合作,共建共享共治共赢的产教融合体系。职业教育要以产教融合为抓手,推进教育内容、教育方式、教育环境、教育评价等的创新改革,打破传统的教学模式,构建以工作过程为导向、以工作任务为核心、以工作能力为目标的教学模式,提高职业教育的质量和效率。

以创新思维实现现代职业教育品质发展,再次要坚持以信息化为支撑,构建职业教育的新平台。职业教育要充分利用信息技术,推进教育资源的开放共享,打造线上线下相结合的教育空间,实现教育的无时无地无界限。职业教育要充分利用信息技术,推进教育过程的智能化、数据化、可视化,打造个性化、精准化、高效化的教育服务,实现教育的精细化、优质化、高水平。职业教育要充分利用信息技术,推进教育创新的协同化、网络化、平台化,打造开放式、协作式、创新式的教育生态,实现教育的活力化、多元化、创新化。

2. 以协调思维,实现现代职业教育有序发展

协调是促进发展的内在要求,是实现社会和谐的重要保障。在新时代,中国面临着区域发展不平衡、城乡发展不协调、人口老龄化加剧等多重问题,需要加强职业教育的协调发展,以缩小差距、促进公平、增进福祉。职业教育是促进协调发展的重要途径,是实现社会和谐的重要支柱。走中国特色的职业教育发展道路,要以协调思维为指导,实现现代职业教育有序发展。

以协调思维实现现代职业教育有序发展,首先要坚持以区域协调为重点,促进职业教育的均衡发展。职业教育要根据区域的自然条件、经济特点、社会需求,制定差异化、特色化、优势化的发展策略,充分发挥区域的比较优势和潜力,实现区域的协同发展。职业教育要加强区域间的交流合作,推进教育资源的优化配置,提高教育资源的利用效率,缩小区域间的发展差距,实现区域的共赢发展。

以协调思维实现现代职业教育有序发展，其次要坚持以城乡协调为目标，促进职业教育的融合发展。职业教育要坚持城乡一体化的发展理念，打破城乡二元结构，构建城乡互动、互补、互惠的发展机制，实现城乡的协调发展。职业教育要加强城乡间的教育对接，推进教育资源的均衡分配，提高教育资源的覆盖率，缩小城乡间的发展鸿沟，实现城乡的共享发展。

以协调思维实现现代职业教育有序发展，再次要坚持以人口协调为导向，促进职业教育的适应发展。职业教育要根据人口的年龄结构、教育结构、就业结构，制定多层次、多形式、多渠道的教育供给，满足不同人群的教育需求，实现人口的协调发展。职业教育要加强人口间的教育衔接，推进教育资源的灵活流动，提高教育资源的匹配度，缩小人口间的发展差异，实现人口的共同发展。

3. 以绿色思维，实现现代职业教育可持续发展

绿色是生态文明建设的基本要求，是人类社会的共同追求。在新时代，中国面临着资源约束加剧、环境污染严重、生态系统退化等多重危机，需要加强职业教育的绿色发展，以保护生态、促进循环、增强耐受。职业教育是推动绿色发展的重要手段，是实现生态文明的重要支撑。走中国特色的职业教育发展道路，要以绿色思维为指导，实现现代职业教育可持续发展。

以绿色思维实现现代职业教育可持续发展，首先要坚持以生态文明为理念，培养职业教育的绿色人才。职业教育要以生态文明为教育理念，注重培养学生的生态意识、生态责任、生态行动等，使他们成为具有绿色素养的现代职业人。职业教育要以生态文明为教育内容，注重教授学生绿色技术、绿色管理、绿色创新等，使他们成为具有绿色能力的现代职业人。职业教育要以生态文明为教育目标，注重培养学生为绿色发展服务、为绿色事业贡献的精神，使他们成为具有绿色担当的现代职业人。

以绿色思维实现现代职业教育可持续发展，其次要坚持以资源节约为原则，构建职业教育的绿色校园。职业教育要以资源节约为建设原则，注重节约用地、节约能源、节约水源等，使校园成为绿色的物质空间。职业教育要以资源节约为管理原则，注重减少浪费、提高效率、优化结构等，使校园成为绿色的运行机制。职业教育要以资源节约为文化原则，注重倡导节俭、弘扬节约、营造节约等，使校园成为绿色的精神家园。

以绿色思维实现现代职业教育可持续发展，再次要坚持以环境保护为责任，推动职业教育的绿色实践。职业教育要以环境保护为社会责任，注重参与生态建设、生态修复、生态治理等，使职业教育成为绿色的社会力量。职业教育要以环境保护为教学责任，注重开展绿色教育、绿色实验、绿色实训等，使职业教育成为绿色的教学平台。职业教育要以环境保护为科研责任，注重开展绿色技术、绿色产品、绿色服务等，使职业教育成为绿色的科研基地。

4. 以开放思维，实现现代职业教育国际化发展

以开放思维，实现现代职业教育国际化发展，是走中国特色的职业教育发展道路的必然要求，也是推动职业教育的改革和发展的重要途径。只有这样，中国的职业教育才能更好地适应国内外的新形势和新需求，更好地服务国家的经济社会发展和人民的生活改善，更好地展示中国的形象和声誉，更好地贡献世界的和谐与进步。

(1)加强职业教育的国际化理念和战略的建设。要明确职业教育国际化的目标、方向、路径和措施，将职业教育国际化纳入国家的教育发展规划和战略，制定相应的政策和法规，建立相应的机制和平台，营造相应的环境和氛围，为职业教育国际化发展提供指导和保障。

(2)加强职业教育的国际化标准和质量的提升。要借鉴和参考国际上先进的职业教育理念、模式、体系、课程、教材、评价等，建立和完善符合国际通行的职业教育标准和质量保证体系，提高职业教育的教学质量和人才培养质量，提升职业教育的国际认可度和竞争力。

(3)加强职业教育的国际化人才和师资的培养。要加大对职业教育师资的培训和引进，提高职业教育师资的国际化水平和能力，增加职业教育师资的国际交流和合作的机会和渠道，促进职业教育师资的专业发展和创新能力的提升。要拓宽职业教育学生的国际视野和知识面，提高职业教育学生的国际化素养和技能，增加职业教育学生的国际交流和学习的机会和渠道，促进职业教育学生的终身学习和职业发展的能力的培养。

(4)加强职业教育的国际化合作和交流的拓展。要积极参与国际组织和机构的职业教育相关的活动和项目，加强与国际上有影响的职业教育机构和团体的对话和沟通，建立和发展与国际上有合作意愿和需求的职业教育机构和团体的伙伴关系和友好关系，开展多层次、多形式、多领域的职业教育合作和交流，推动职业教育的共同发展和共享成果。

(5)加强职业教育的国际化影响和贡献的提升。要充分展示中国职业教育的发展成就和特色优势，积极传播中国职业教育的理念和经验，主动参与国际职业教育的规则和秩序的制定和完善，有力支持国际职业教育的改革和创新，有效服务国际职业教育的和平与发展，为构建人类命运共同体贡献中国职业教育的智慧和力量。

5. 以共享思维，实现现代职业教育包容发展

中国是一个多民族、多地域、多层次的发展中大国，拥有世界上最多的人口和最大的市场，是世界上最大的发展中国家和最大的发展中市场。中国的职业教育面临着巨大的需求和压力，也面临着复杂的环境和困境，如职业教育的覆盖面、参与度、机会、资源等方面还有不均衡，职业教育的受众、对象、内容、方式等方面还有不适应，职业教育的效果、价值、地位、形象等方面还有不认可，职业教育的包容性和公平性还有待提高等。

为了更好地发挥职业教育的作用，推动职业教育的改革和发展，中国必须走一条符合自身国情和特点的职业教育发展道路，即走中国特色的职业教育发展道路。这条道

路的核心是以共享思维,实现现代职业教育包容发展。所谓共享思维,就是要坚持以人民为中心,以社会为导向,以公益为本质,以公平为原则,以效益为目标,以创新为动力,以合作为手段,以和谐为理念,使中国的职业教育既能满足不同的个体和群体的需求,又能促进不同的地区和领域的发展,既能反映不同的民族和文化的特色,又能增进不同的社会和国家的交流,既能服务不同的阶层和利益的平衡,又能贡献不同的时代和未来的进步。

实现现代职业教育包容发展,需要从以下五个方面着手:

(1)加强职业教育的包容性和公平性的理念和战略的建设。要明确职业教育包容发展的目标、方向、路径和措施,将职业教育包容发展纳入国家的教育发展规划和战略,制定相应的政策和法规,建立相应的机制和平台,营造相应的环境和氛围,为职业教育包容发展提供指导和保障。

(2)加强职业教育的包容性和公平性的标准和质量的提升。要建立和完善符合国情和特点的职业教育标准和质量保证体系,确保职业教育的教学质量和人才培养质量,消除职业教育的质量差距和水平差异,提升职业教育的社会认可度和市场竞争力。

(3)加强职业教育的包容性和公平性的人才和师资的培养。要加大对职业教育师资的培训和引进,提高职业教育师资的专业水平和教学能力,增加职业教育师资的多元化和差异化,促进职业教育师资的专业发展和创新能力的提升。要拓宽职业教育学生的参与面和机会,提高职业教育学生的学习效果和就业成果,增加职业教育学生的多样化和个性化,促进职业教育学生的终身学习和职业发展的能力的培养。

(4)加强职业教育的包容性和公平性的合作和交流的拓展。要积极参与国家和地区的职业教育相关的活动和项目,加强与政府和社会的对话和沟通,建立和发展与产业和企业的伙伴关系和友好关系,开展多层次、多形式、多领域的职业教育合作和交流,推动职业教育的共同发展和共享成果。

(5)加强职业教育的包容性和公平性的影响和贡献的提升。要充分展示中国职业教育的包容发展的成就和优势,积极传播中国职业教育的包容发展的理念和经验,主动参与国际职业教育的包容发展的规则和秩序的制定和完善,有力支持国际职业教育的包容发展的改革和创新,有效服务国际职业教育的包容发展的和平与发展,为构建人类命运共同体贡献中国职业教育的包容发展的智慧和力量。

(二)走中国职业教育发展道路要以立德树人为根本任务

在新时代,中国职业教育面临着新的机遇和挑战,要适应国家战略需求和产业转型升级的要求,要满足人民群众对美好生活的向往,要提高职业教育的质量和水平,要培养出更多的"双师型"教师和"双证书"学生,要构建起现代职业教育体系,要实现职业教育的内涵式发展和创新性发展。

要实现这些目标，就必须把立德树人作为职业教育的根本任务，把培养社会主义建设者和接班人作为职业教育的首要使命，把德育贯穿于职业教育的全过程，把德育融入于职业教育的各个环节，把德育体现于职业教育的各个方面。只有这样，才能使职业教育真正成为培养德智体美劳全面发展的人才的基地，才能使职业教育真正成为培养社会主义核心价值观的阵地，才能使职业教育真正成为培养社会主义道德风尚的摇篮。

立德树人是职业教育的根本任务，也是职业教育的优势所在。职业教育是一种以实践为主的教育，是一种以就业为导向的教育，是一种以服务为宗旨的教育。职业教育不仅要传授知识和技能，更要培养品德和情操，不仅要提高学生的专业素养，更要提升学生的道德修养，不仅要让学生掌握一门手艺，更要让学生拥有一种精神。职业教育要教会学生如何做人，如何做事，如何做好事，如何做大事，如何做有益于国家和社会的事，如何做有利于人民和自己的事，如何做有助于人类和自然的事。职业教育要培养学生的爱国情怀，要培养学生的社会责任感，要培养学生的创新精神，要培养学生的团结协作能力，要培养学生的终身学习意识，要培养学生的职业道德和职业素养，要培养学生的人文素养和审美情趣，要培养学生的健康生活方式和良好生活习惯。

立德树人是办好人民满意的职业教育的政治要求，目标是培养数以亿计的高素质劳动者和技术技能人才。我们要大力培育和践行社会主义核心价值观，把职业技能和职业精神的培养高度融合起来。我们要让企业成为育人的重要阵地，把先进的企业文化、职业传统融入教学中来，在学生的专业实践中培育他们的品质和精神。我们要动员社区、家庭、企业等主体共同参与人才培养，既重视校园教育也抓好环境治理，建立多方协同育人机制。

（三）走中国职业教育发展道路要加快提升服务能力

提升职业教育的服务能力，首先要明确职业教育的服务对象和服务内容。职业教育的服务对象，主要包括三个方面：一是国家和社会，即为国家的经济社会发展提供人才支撑和技术支持；二是企业和行业，即为企业和行业的转型升级、创新发展提供技术人才和技术服务；三是学生和个人，即为学生和个人的就业创业、职业发展、终身学习提供教育培训和指导服务。职业教育的服务内容，主要包括四个方面：一是教育培训，即为不同层次、不同类型、不同阶段的学生和个人提供符合需求的教育培训服务；二是技术服务，即为企业和行业提供技术咨询、技术转移、技术开发、技术培训等服务；三是社会服务，即为社区和公众提供社会教育、社会实践、社会参与、社会责任等服务；四是国际服务，即为国际合作和交流提供人才培养、技术合作、文化交流、资源共享等服务。其次要优化职业教育的服务模式和服务机制。职业教育的服务模式，要从传统的以学校为中心、以课程为主导、以教师为主体的模式，转变为以市场为导向、以需求为驱动、以项目为载体、以团队为核心的模式。职业教育的服务机制,要从单一的以政府为主导、以行政为手段、以规范为依据的机制,转变为多元的以市场为主导、以合作为基础、以契约为保障的机制。

在国家政策引导和产业发展需求的双重作用下,我国职业教育已具有较强的服务个体和服务社会的意识。职业教育发展水平和高技能人才培养能力已成为提高国家产业竞争力和职业教育自身持续发展能力的基础性、关键性因素,对我国职业教育的服务能力起着决定作用。因此,改革职业教育发展方向,改革职业教育教学及创新职业教育发展模式是我国提高职业教育服务能力,满足国家战略发展需求的应有举措。紧密围绕国家重大战略部署,及时跟进,提供精准支撑是中国职业教育发展的重要原则和成功经验,推进职业教育强国建设要把提高服务能力作为重要的着眼点。一是瞄准中国制造提供有力服务,职业教育要全面融入以企业为主体的技术创新体系,形成紧密对接关键领域、紧缺领域的人才培养和技术合作机制。二是瞄准"一带一路"提供有力服务,推进"一带一路"相关地区职业教育合作,积极参与"一带一路"教育共同体计划,对接沿线国家发展战略,实施职业教育互联互通、人才培养培训等合作。三是瞄准区域战略提供有力服务,围绕京津冀协同发展、东北老工业基地振兴、长江经济带建设等国家区域发展战略,引导职业教育资源有效聚集,组织开展协同创新,提升整体服务能力。四是瞄准精准脱贫提供有力服务,加快连片特困区职业教育网络体系建设,深入开展职业院校对口帮扶,实行贫困地区中职学生免学费,全面开展贫困地区技能提升培训和职业指导。五是为学习型社会建设提供有力服务,推进职业院校向社会全面开放,建立学习成果认定、学分转换机制,为学习者提供更多的选择权和自主权,满足不同社会群体学习需求。

第二节 职业教育与产业协同创新发展的前景

一、职业教育将进一步释放人才红利

(一)释放人才红利,职业教育要重视对"工匠精神"的培养

职业教育的发展,有利于释放人才的潜能和红利,促进社会的进步和繁荣。据统计,我国目前有近2亿的职业教育学生,占全国在校学生的近四分之一,是世界上规模最大的职业教育体系。职业教育的普及和提升,为我国的经济社会发展做出了巨大的贡献,也为我国的人才战略提供了有力的支撑。然而,职业教育也面临着一些挑战和问题,需要进一

步的改革和创新。其中,一个重要的问题是,职业教育要如何培养具有"工匠精神"的人才,即那些精益求精,追求卓越,不断创新,敢于担当的人才。这些人才是职业教育的骄傲,也是社会的宝贵财富。

"工匠精神"是一种对工作的热爱和敬业,对技能的精进和掌握,对质量的追求和保证,对创新的勇气和智慧,对责任的担当和承诺的综合体现。它是一种对自我和社会的价值实现的追求,也是一种对职业和事业的忠诚和奉献。有了"工匠精神",职业教育的人才就能够在各自的领域,发挥出最大的作用,为社会创造出最大的价值。因此,职业教育要重视对"工匠精神"的培养,从以下三个方面着手:

1. 要加强职业教育的理念和文化建设,树立"工匠精神"的价值导向

要在职业教育的教学和管理中,弘扬"工匠精神"的内涵和意义,让学生认识到,无论从事什么样的职业,都可以成为一名优秀的"工匠",都可以为社会做出贡献,都可以实现自我价值。要在职业教育的评价和激励中,突出"工匠精神"的标准和要求,让学生明白,只有通过不断的学习和实践,才能够掌握和提高职业技能,才能够保证和提升工作质量,才能够创造和发现新的问题和解决方案。要在职业教育的示范和引领中,展示"工匠精神"的典型和榜样,让学生看到,那些具有"工匠精神"的人才,是如何在各自的岗位上,发挥出卓越的能力,取得了令人敬佩的成就,赢得了社会的尊重和认可。

2. 要完善职业教育的课程和教学体系,培养"工匠精神"的技能和能力

要根据社会和行业的发展变化,不断更新和优化职业教育的课程设置,注重培养学生的基础知识和专业技能,同时,也要开设一些跨学科和综合性的课程,培养学生的创新思维和综合素养。要根据学生的兴趣和特长,提供多样化和个性化的教学方式,注重培养学生的自主学习和合作学习的能力,同时,也要加强实践教学和实习实训的环节,培养学生的动手能力和实践能力。要根据学生的成长和发展,建立有效的教学评价和反馈机制,注重培养学生的自我评价和自我提升的能力,同时,也要鼓励教师和同学之间的互动和交流,培养学生的沟通能力和团队能力。

3. 要拓展职业教育的合作和服务范围,培养"工匠精神"的责任和担当

要加强职业教育与社会和行业的对接和合作,注重培养学生的社会适应能力和职业发展能力,同时,也要提供更多的就业和创业的机会和支持,培养学生的就业创业能力和信心。要加强职业教育与社区和公益的联系和服务,注重培养学生的社会责任感和公民意识,同时,也要提供更多的志愿和参与的平台和渠道,培养学生的公益服务能力和精神。要加强职业教育与国际和区域的交流和合作,注重培养学生的国际视野和跨文化能力,同时,也要提供更多的学习和交流的机会和资源,培养学生的国际合作能力和水平。

(二)释放人才红利,职业教育要加强对"工匠精神"的激励和保障

培养"工匠精神"的人才,不仅需要职业教育的努力,也需要社会的支持和认可。因此,职业教育要加强对"工匠精神"的激励和保障,从以下三个方面着手:

1. 要提高职业教育的社会地位和影响力,增强"工匠精神"的社会认同和尊重

要在社会的宣传和引导中,强化职业教育的重要性和必要性,让社会认识到,职业教育是国家的战略资源,是社会的发展动力,是个人的成长途径。要在社会的评价和奖励中,突出职业教育的贡献和价值,让社会明白,职业教育的人才是国家的栋梁,是社会的财富,是个人的荣耀。要在社会的尊重和支持中,体现职业教育的地位和作用,让社会尊重,职业教育的人才的选择和努力,支持职业教育的发展和创新。

2. 要完善职业教育的政策和法规,保障"工匠精神"的权益和待遇

要在政策的制定和实施中,充分考虑职业教育的特点和需求,给予职业教育足够的重视和支持,为职业教育的发展提供有力的保障。要在法规的建立和完善中,明确职业教育的规范和标准,保护职业教育的合法权益,为职业教育的人才提供公平的待遇。要在监督和执行中,加强职业教育的质量和效果的检查和评估,促进职业教育的改进和提升,为职业教育的人才提供优质的服务。

3. 要建立职业教育的终身学习和发展体系,促进"工匠精神"的持续和深化

要在终身学习的理念和文化中,倡导职业教育的人才不断学习和更新知识,适应社会和行业的变化,提高自身的竞争力和适应力。要在终身学习的机制和平台中,提供职业教育的人才多元化和灵活化的学习方式,满足不同阶段和层次的学习需求,拓展个人的学习空间和资源。要在终身学习的效果和反馈中,建立职业教育的人才的学习档案和证书制度,记录和证明个人的学习成果和能力,促进个人的学习动力和信心。

(三)释放人才红利,职业教育要重视对"人文精神"的培养

为了纠正"能力本位"的思想中工具理性的偏颇,"人格本位"的高职教育目标取向强调,在基本技能之外,还应重视学生职业心理和职业伦理的养成。知识经济的发展和学习化社会的进程,要求职业教育必须着眼于人的全面发展。"素质本位"的高职目标取向提倡通过对学生全面职业素质的提高,完善其个人品格,培养新型的适应知识经济社会需要的具有综合职业素质的人。"知识本位—能力本位—人格本位—素质本位"的变化,是人们对职业教育的认识不断深化的结果,也是职业教育不断适应社会发展的必然选择。在高等职业院校改革过程中,人才培养模式的建构是核心。高等职业教育兼有职业性与人文性双重属性,这就决定了高等职业院校不能只局限于狭隘的"技术教育",还应立足于培养和谐发展的人,使学生具有相当的人文科学知识、自觉的人文关怀和较强的实践能力,从而实现高等职业院校中知识、能力、素质教育的结合和统一。

"人文精神"的培养,对于职业教育的意义是非常重大的。首先,它有助于提高职业教育的内涵和水平,使之不仅是一种技术教育,而且是一种人文教育,不仅是一种职业培训,而且是一种人格塑造。通过"人文精神"的培养,可以使职业教育的学生不仅掌握专业技能,而且拥有人文素养,不仅具备职业能力,而且具备人文情怀,不仅成为专业人才,而且成为全面人才。其次,它有助于提升职业教育的社会价值和影响力,使之不仅是一种经济教育,而且是一种文化教育,不仅是一种就业教育,而且是一种社会教育。通过"人文精神"的培养,可以使职业教育的学生不仅适应社会的需求,而且引领社会的潮流,不仅服务于社会的发展,而且贡献于社会的进步,不仅为社会创造财富,而且为社会传播文明。最后,它有助于增强职业教育的国际视野和竞争力,使之不仅是一种本土教育,而且是一种全球教育,不仅是一种民族教育,而且是一种世界教育。通过"人文精神"的培养,可以使职业教育的学生不仅了解本国的文化,而且尊重他国的文化,不仅熟悉本土的市场,而且开拓国际的市场,不仅参与国内的竞争,而且参与国际的合作。

高等职业教育结构应该与人才培养结构相符合,培养既具有高级专门技术,又具有较高人文素养的创新型综合型人才。高等职业教育必须重视人文教育在整个职业教育中的作用。作为处于不同条件、不同水平和办学能力的各个高职院校,要找到自己所属类型,按照自己的办学目标确定人文教育的内容与方法。这就要求高职院校把专门知识学习和实践技能学习与人文素质教育结合起来。针对不同年级的学生,人文教育的内容和形式也应有相应的变化。学校通过行之有效的教育活动,引导学生树立正确的学习观和技术价值观,从而实现从仅注重学生的职业能力发展到注重学生职业能力发展与内在精神建构的有机结合。

教育的根本目的是"育人",而不是"育技",更不是"制器"。职业院校要从根本上改变"过分突出技术培养,忽视和弱化人文素质教育"的状况,把教育重点转移到综合素质提升上来,以人文精神培育,增加职业教育的深度和学生人生的厚度。职业院校应该坚持立德树人,深入开展新时代中国特色社会主义思想教育,加强社会主义核心价值观教育,不断推进红色革命文化和社会主义先进文化教育,提升学生思想政治素质;充分发挥文化育人作用,大力弘扬中华优秀传统文化,组织开展丰富多彩的校园文化活动,加强文化阵地和文化设施建设,提升学生的人文素质和艺术修养;深入挖掘、充分发挥通识课程和专业课程的人文教育功能,培养德才兼备的新时代中国特色社会主义合格建设者和可靠接班人。

(四)释放人才红利,职业教育要重视对"创新精神"的培养

创新精神,是指一种敢于探索、敢于实践、敢于创造的精神状态,是一种对新事物、新问题、新机遇的敏锐感知和积极应对的态度,是一种不断学习、不断改进、不断超越的动力。创新精神,是人类社会进步的源泉,是人类文明发展的动力。

为什么职业教育要重视对创新精神的培养?因为创新精神,是职业教育的内在要求,也是职业教育的外在需求。

1. 创新精神是职业教育的内在要求

职业教育的本质,就是培养适应社会和经济发展需要的高素质技能型人才。而社会和经济的发展,是不断变化和创新的。因此,职业教育必须跟上时代的步伐,不断更新教育的理念、内容、方法和手段,以适应社会和经济的变化和创新。这就要求职业教育本身要具有创新精神,要敢于改革、敢于创新、敢于突破,不断提高职业教育的质量和效益。

2. 创新精神是职业教育的外在需求

职业教育的目的,就是为社会和经济提供高素质技能型人才。而社会和经济的发展,也是不断变化和创新的。因此,职业教育培养的人才,必须具备创新精神,要能够适应社会和经济的变化和创新,要能够解决新的问题,要能够创造新的价值。这就要求职业教育要培养学生的创新精神,要激发学生的创新潜能,要培养学生的创新能力。

如何重视对职业教育中的创新精神的培养?这需要从以下五个方面进行努力:

一是要加强职业教育的理念创新。要树立以学生为本、以就业为导向、以创新为动力的职业教育理念,要突出职业教育的特色和优势,要提升职业教育的社会地位和影响力,要打破职业教育和普通教育的隔阂和偏见,要建立职业教育和终身教育的联系和衔接,要构建职业教育和社会经济发展的协调和互动。

二是要加强职业教育的内容创新。要根据社会和经济的发展需要,不断更新和优化职业教育的课程体系、教学大纲、教材教具等,要注重培养学生的基础知识、专业技能、创新意识、创新思维、创新方法等,要结合学生的兴趣和特长,开设一些创新性的选修课程和活动,要充分利用信息技术和网络资源,拓展职业教育的内容和形式。

三是要加强职业教育的方法创新。要改变传统的教师主导、学生被动的教学模式,要实施以学生为主体、教师为引导、实践为基础的教学模式,要采用多种灵活的教学方法,如案例分析、项目制作、问题解决、团队合作、模拟实验等,要激发学生的学习兴趣和动机,要培养学生的自主学习、合作学习、探究学习的能力,要提高学生的学习效果和满意度。

四是要加强职业教育的实践创新。要加大职业教育的实践教学的投入和支持,要建立和完善职业教育的实训基地、实习基地、创新基地等,要加强职业教育与企业、行业、社区的合作和联动,要开展多种形式的校企合作、产教融合、校地合作等,要为学生提供丰富的实践学习的机会和平台,要培养学生的实践能力和创新能力。

五是要加强职业教育的评价创新。要建立和完善以创新为导向的职业教育的评价体系和机制,要突破传统的以知识为主、以考试为主的评价方式,要采用多元的、综合的、动态的、过程的评价方式,要注重评价学生的创新意识、创新思维、创新方法、创新能力等,要激励学生的创新动力和信心,要反馈和改进职业教育的创新效果。

二、职业教育将推动全球经济一体化建设

全球经济一体化是指世界各国的经济活动越来越紧密地联系在一起,形成一个相互依存和互利共赢的整体。全球经济一体化的主要表现有:国际贸易和投资的快速增长,跨国公司和国际产业链的广泛发展,国际金融和货币的深度融合,国际经济组织和区域经济合作的日益密切,以及全球经济治理的不断完善。全球经济一体化为各国的经济发展带来了巨大的机遇和利益,也带来了激烈的竞争和挑战,要求各国提高自身的综合实力和国际竞争力,特别是人力资本的质量和效率。

人力资本是指人的知识、技能、健康和其他能力,是经济发展的重要动力和资源。人力资本的形成和提升主要依靠教育,特别是职业教育。职业教育是人力资本的重要组成部分,是培养和提升人的专业技能和职业素养的主要方式。职业教育的质量和水平直接影响着人力资本的质量和水平,进而影响着经济发展的质量和水平。因此,职业教育在全球经济一体化中发挥着至关重要的作用,是推动全球经济一体化建设的重要力量。

我国是世界上最大的发展中国家,也是全球经济一体化的重要参与者和贡献者。我国的经济发展取得了举世瞩目的成就,但也面临着一系列的问题和困难,如经济增长速度放缓,经济结构不合理,经济效率不高,经济创新能力不强,经济发展与社会和环境的协调性不足等。为了解决这些问题和困难,我国提出了建设社会主义现代化强国的宏伟目标,提出了实施创新驱动发展战略,推进供给侧结构性改革,构建新型国际经济合作伙伴关系,推动共建"一带一路"等一系列的重大举措,以适应和引领全球经济一体化的新形势和新要求。

(一)秉持"全球理念"以拓展我国职业教育发展空间,增强国际影响力

一是要树立全球意识,即要认识到职业教育的发展不仅关系到我国的经济社会发展,也关系到我国在全球经济一体化中的地位和作用,我国与其他国家和地区的经济合作和交流,我国对全球经济治理和公共产品的贡献和参与。因此,我国职业教育的发展不能仅仅局限于国内的需求和条件,也要考虑到国际的趋势和规律,也要参与到国际的合作和竞争中,也要为国际的和平与发展做出贡献。

二是要提高全球水平,即要提高我国职业教育的质量和效率,以达到国际的先进水平和标准。这包括要提高职业教育的规模和覆盖率,以满足我国经济社会发展的人才需求,也包括要提高职业教育的结构和质量,以适应我国经济结构的转型升级,也包括要提高职业教育的创新和灵活性,以应对全球经济一体化的变化和挑战。为了提高职业教育的全球水平,需要加强职业教育的顶层设计和制度建设,加大职业教育的投入和保障,加强职业教育的教师队伍和教学设施,加强职业教育的课程体系和教学方法,加强职业教育的评估和监督,加强职业教育的研究和创新等。

三是要拓展全球空间，即要拓展我国职业教育的国际合作和交流，以促进我国职业教育的开放和发展。通过拓展全球空间，我国职业教育可以借鉴和引进国外先进的职业教育理念、模式、内容、方法和标准，以丰富和完善我国职业教育的体系和结构，以提高和保证我国职业教育的质量和效益，以增强和满足我国职业教育的多样性和个性化，以促进和激发我国职业教育的创新和发展。通过拓展全球空间，我国职业教育可以参与和推动国际职业教育的规则和体系的制定和完善，以反映和维护我国职业教育的利益和诉求，以增加和提升我国职业教育的话语权和影响力，以促进和维护国际职业教育的公平和正义，以推动和促进国际职业教育的合作和发展。通过拓展全球空间，我国职业教育可以开展和深化与国外职业教育机构和组织的合作和交流，以建立和拓展我国职业教育的国际合作和交流的渠道和平台，以扩大和提高我国职业教育的国际合作和交流的范围和水平，以增进和促进我国职业教育的国际合作和交流的效果和收益，以丰富和优化我国职业教育的国际合作和交流的形式和内容。通过拓展全球空间，我国职业教育可以培养和输出具有国际视野和竞争力的职业教育人才，以满足和适应国内外市场和社会的需求和变化，以提高和保障国内外人才的质量和水平，以增加和促进国内外人才的流动和交流，以展示和证明我国职业教育的能力和水平。通过拓展全球空间，我国职业教育可以提升和展示我国职业教育的影响力和软实力，以增强和提高我国职业教育的国际地位和声誉，以传播和推广我国职业教育的文化和价值，以促进和加强我国职业教育的国际交流和合作，以服务和支持我国的外交和国际战略。

（二）完善职业教育国际合作交流机制，打造国际化职业教育共同体

打造国际化职业教育共同体，具体而言，我们可以从以下五个方面着手：

（1）建立职业教育国际合作交流的顶层设计和规划，明确职业教育国际化的目标、方向、路径和重点，形成职业教育国际合作交流的战略框架和行动计划，统筹协调各级各类职业教育机构和社会各方的参与和资源，提高职业教育国际合作交流的效率和效果。

（2）加强职业教育国际合作交流的平台建设和网络搭建，利用现有的双边和多边的国际组织和机制，如联合国教科文组织、国际劳工组织、亚太经合组织等，建立和完善职业教育国际合作交流的政策对话、信息交流、项目合作、资源共享等机制，促进职业教育国际合作交流的广度和深度。

（3）推进职业教育国际合作交流的内容创新和模式创新，根据国际市场和社会的需求和变化，开展职业教育的课程开发、教学方法、教师培训、学生交流、学历认证、质量保证等方面的合作和交流，引入国际先进的理念和经验，提升职业教育的质量和水平。

（4）拓展职业教育国际合作交流的领域和范围，根据国家的发展战略和优势领域，如数字经济、绿色发展、健康服务、文化创意等，开展针对性的职业教育国际合作交流，培养符合国际标准和需求的高端技能人才,提升国家的国际竞争力和影响力。

(5)增强职业教育国际合作交流的文化交融和价值共享,尊重和借鉴各国的职业教育的文化特色和价值理念,加强职业教育的文化传播和交流,促进职业教育的文化认同和互信,构建职业教育的文化共同体,为职业教育的国际合作交流提供坚实的文化基础和价值支撑。

通过完善职业教育国际合作交流机制,打造国际化职业教育共同体,我们可以实现职业教育的国际化、创新化、高质量发展,为国家的经济社会发展和人民的幸福生活做出更大的贡献。

(三)以培养"世界公民"目标深化职业院校内涵提升,使我国职业教育产品更具国际竞争力

"世界公民"是指具有全球视野、跨文化能力、社会责任感和创新精神的人才,是当今世界的发展趋势和需求。职业教育作为培养技能型人才的重要途径,也需要以培养"世界公民"为目标,深化职业院校的内涵提升,使我国的职业教育产品更具国际竞争力。为了实现这一目标,我们需要从以下四个方面着手:

(1)调整职业院校的办学理念和目标,将培养"世界公民"作为职业院校的核心任务和重要使命,将国际化、创新化、高质量发展作为职业院校的办学方向和追求,将服务国家战略和社会需求作为职业院校的办学宗旨和责任,形成职业院校的办学特色和优势。

(2)改革职业院校的教学内容和方法,根据国际市场和社会的需求和变化,更新和优化职业院校的课程体系和教学计划,增加和强化职业院校的国际化、创新化、综合化、实践化的教学内容和方法,提高职业院校的教学质量和效果。

(3)加强职业院校的师资建设和培训,提高职业院校的教师的国际化、专业化、创新化的水平和能力,通过引进和培养具有国际视野和跨文化能力的教师,通过开展国内外的教师交流和培训,通过与企业和社会的合作和交流,提升职业院校的教师的教学水平和服务能力。

(4)拓展职业院校的学生培养和服务,培养职业院校的学生的国际视野和跨文化能力,培养职业院校的学生的社会责任感和创新精神,通过开展国内外的学生交流和实习,通过与企业和社会的合作和服务,通过提供国际化的学历认证和质量保证,提高职业院校的学生的就业竞争力和发展。

(四)加强职业教育国际合作交流的评估和监督,提升职业教育国际合作交流的质量和效益

职业教育国际合作交流是一项长期的、复杂的、系统的工程,需要不断地进行评估和监督,以保证职业教育国际合作交流的质量和效益,以及职业教育国际合作交流的持续性和可持续性。为了实现这一目标,我们需要从以下四个方面着手:

(1)建立职业教育国际合作交流的评估和监督的指标体系和标准体系,根据职业教育国际合作交流的目标、内容、模式、领域、范围等,制定和完善职业教育国际合作交流的质量、效果、影响、风险等方面的评估和监督的指标和标准,形成职业教育国际合作交流的评估和监督的规范和基准。

(2)建立职业教育国际合作交流的评估和监督的组织体系和运行机制,明确职业教育国际合作交流的评估和监督的主体、对象、方式、频率、程序等,建立和完善职业教育国际合作交流的评估和监督的组织和协调、信息和反馈、激励和约束等机制,保障职业教育国际合作交流的评估和监督的有效性和及时性。

(3)建立职业教育国际合作交流的评估和监督的数据体系和技术体系,收集和整理职业教育国际合作交流的相关数据和信息,运用现代信息技术和分析方法,对职业教育国际合作交流的过程和结果进行客观和科学的评估和监督,提供职业教育国际合作交流的评估和监督的数据支撑和技术支撑。

(4)建立职业教育国际合作交流的评估和监督的结果应用和改进体系,根据职业教育国际合作交流的评估和监督的结果,及时发现和解决职业教育国际合作交流的问题和不足,提出和实施职业教育国际合作交流的改进和优化的措施和建议,促进职业教育国际合作交流的持续改进和优化。

通过加强职业教育国际合作交流的评估和监督,我们可以提升职业教育国际合作交流的质量和效益,为职业教育国际合作交流的发展提供保障和动力。

参考文献

[1]陈德清，陈胜利，钟建坤．高职校企协同人才培养模式的研究与实践［M］．北京：北京理工大学出版社，2016．

[2]郭淑敏，马万昌．产业结构与职业教育［M］．北京：中国科学技术出版社，2004．

[3]郭雅娴．中国教育资源配置效率研究［M］．北京：人民出版社，2012．

[4]韩永强．职业教育与区域产业协同发展理论与实践［M］．太原：山西经济出版社，2019．

[5]卢坤建．高等职业教育蓝皮书（2020）［M］．北京：经济科学出版社，2020．

[6]孙兴洋，张春霞．供给侧结构性改革背景下职业教育与产业协同创新发展研究［M］．北京：群言出版社，2020．

[7]王建初，张建荣．职业技术教育学［M］．北京：中国劳动社会保障出版社，2021．

[8]于淑艳．产业结构调整与区域经济发展研究［M］．北京：经济科学出版社，2012．

[9]钟波．现代职教体系视域下职教与产业协同发展创新之路［M］．湘潭：湘潭大学出版社，2019．

[10]周浩波，高红梅．服务与支撑——基于产业集群的职业教育专业集群建设研究［M］．沈阳：辽宁 人民出版社，2012．

[11]周均旭．中国产业转移与劳动力供给结构的动态变化［M］．北京：科学出版社，2016．

[12]本报评论员．推动产业结构战略性调整优化［N］．内蒙古日报（汉），2023-10-21．

[13]曹博．产业转型升级背景下的职业教育供给侧改革［J］．黑龙江教师发展学院学报，2023，42（4）：84-87．

[14]曾升科，李晗，胡希冀．职业教育与经济发展适应性评价体系研究［J］．中国职业技术教育，2023（6）：58-64．

[15]董芩，薛寒．基于产业高质量发展的职业教育人才供给水平测度研究［J］．中国成人教 育，2023（13）：10-19．

[16]韩笑，彭桥．统一大市场、产业结构调整与区域经济差距［J/OL］．当代经济管理，1-14．

[17]何景师，徐兰，叶善椿，等．我国高等职业教育对产业结构优化升级的空间溢出效应［J/OL］．重庆高教研究，1-16．

[18]胡颖梅.我国职业教育高质量发展的时代特征、面临挑战与未来路向[J].职教通讯,2023(7):5-13.

[19]李锐."双高"视域下苏锡常高职专业结构与区域产业结构适应性研究[J].现代职业教育,2023(23):109-112.

[20]刘国磊,王燕.历史记忆视域下高等教育职业性的发展路径研究[J].职业技术,2024,23(1):8-13.

[21]麻灵.协同理论视域下高职专业结构与产业结构匹配度研究[J].职业技术教育,2023,44(23):30-35.

[22]马茹.产业结构调整与人力资本行业错配:缓解还是加剧?[J].商业研究,2023(4):19-28.

[23]苗雨昕.新时期职业院校与区域经济协同发展研究[J].淮南职业技术学院学报,2023,23(3):116-118.

[24]倪红福.全球产业结构和布局调整的主要特征及应对思路[J].人民论坛,2023(17):70-77.

[25]荣利颖,王文静.深化产教融合增强北京市高等职业教育适应性研究[J].北京教育(高教),2023(12):48-52.

[26]帅海燕,李卓君.本科层次职业教育与产业发展有效对接的机制与路径[J].长江工程职业技术学院学报,2023,40(1):37-40.

[27]苏海勇.职业教育与地区经济协同发展对策的探究[J].国际公关,2023(15):191-193.

[28]孙金诚.推动职业教育实现高质量发展[N].人民政协报,2023-12-13(012).

[29]韦卫,徐倩仪.职业教育供给与经济社会发展需求高度匹配的内在机理与实现路径探究[J].辽宁农业职业技术学院学报,2023,25(5):37-42.

[30]吴婷婷,郑子艳,吴潇宇.新时代高等职业教育适应性的水平测度与推进路径——基于专业设置与产业结构的耦合分析[J].河北大学成人教育学院学报,2023,25(2):37-45.

[31]张建平,胡玉君.职业教育供给侧结构性改革研究[J].中国成人教育,2023(20):10-13.

[32]张明.高职院校专业设置与产业结构适应性机制分析——以苏州市为例[J].西部素质教育,2023,9(23):183-186.

[33]郑清松,王波.中国式职业教育现代化视域下特色学徒制高质量发展探索[J].教育与职业,2023(23):37-43.

[34]朱慧芹.以产教融合助推职业教育高质量发展[J].唯实,2023(8):79-81.